Paul Horowitz

Die Bibel der Vernunft

Paul Horowitz

Die Bibel der Vernunft

ISBN/EAN: 9783743437807

Hergestellt in Europa, USA, Kanada, Australien, Japan

Cover: Foto ©Lupo / pixelio.de

Manufactured and distributed by brebook publishing software (www.brebook.com)

Paul Horowitz

Die Bibel der Vernunft

Die Bibel
der Vernunft

von

P. Horowitz.

Wien 1874.
Selbstverlag des Verfassers.
Im Durchof, Wollzeile 5 und Bäckerstraße 6.

Uebersetzungsrecht vorbehalten.

Inhalt.

1. Die Bibel der Vernunft.
2. Die Religion.
3. Die Vernunft.
4. Gott.
5. Die Eigenschaften Gottes.
6. Die Unsterblichkeit der Seel
7. Das Moralprinzip.
8. Die Menschenliebe.
9. Die Moralität.
10. Die Sünde.
11. Das menschliche Strafrecht.
12. Die religiöse Zeremonie.
13. Wunder.
14. Priester.
15. Der Glaube.
16. Die Wissenschaft.
17. Der Fortschritt.
18. Die Urabstammung des Menschen.
19. Das Leben.
20. Der Tod.
21. Die Vergeltung.
22. Der Krieg.
23. Der Staat.
24. Das Eigenthumsrecht.
25. Die Kirche.
26. Die Zeitrechnung.
27. Die Gebräuche der Vernunft.
28. Die Eigenschaften des Vernünftigen.
29. Die Zukunft.

1.

1 Die Bibel der Vernunft spricht klar und verständlich. Sie beruht auf der Wahrheit. Sie entstammt nicht erschütternden Ereignissen, sie beruft sich nicht auf wundervolle höhere Eingebungen, der Zeitgeist rief sie in's Leben, und die reine Vernunft soll ihr den Weg zu den Herzen bahnen.

2 Sie spricht nicht zur Menschheit in ihrer Kindheit, sondern im reifen Mannesalter, sie spricht nicht zu Einer Nation, sondern zur gesammten Menschheit.

3 Sie fordert nichts vom Gemüthe, was der Vernunft widerspricht, nichts von der Vernunft, was das Gemüth verletzt, sie stellt den Einklang her zwischen Vernunft und Gemüth.

4 Sie enthält keine Glaubenssätze, die der Eine festhält, der Andere bezweifelt, keine philosophischen Schlüsse, die der Eine beweist, der Andere widerlegt; sie enthält nur ewige Wahrheiten, die sich stets den Vernünftigen aller Zeiten offenbaren.

5 Sie ist bestimmt, die Wahrheit, die bis nun nur den Vernünftigen einleuchtete, zum Gemeingut aller Menschen zu machen und die Hindernisse wegzuräumen, die ihr entgegenstehen.

6 Sie enthält in wenigen Worten das Endziel religiöser Vollkommenheit, für Jeden, der nur für Wahrheit empfänglich ist. Die von ihren Lehren durchdrungen, sind Vernunftreligiöse; die es nicht sind, sind nicht religiös oder nicht vernünftig.

7 Sie ist durch Symbole nicht getrübt, durch Wunder nicht gefälscht, zu ihrer Verherrlichung bedarf es keiner Kirchen und keiner Priester.

8 Ihr Symbol ist das Weltall, ihre Wunder die ewigen Naturgesetze, ihre Kirche die ganze Welt, ihre Priester alle denkenden Menschen.

9 Sie enthält nichts, was nicht jedem reifen Menschen klar einleuchtet. Aber die Allmacht schuf den Menschen unvollkommen, auf daß er die Wahrheit erst durch eigenes Denken erfasse, daß er sie erkämpfe, daß er sie mit seinem Herzblute bezahle. Und es mußten Jahrtausende verstreichen, bis sie sich Bahn brechen konnte.

10 Sie war in den Zeiten der Unwissenheit dem Auge der Menge nicht sichtbar. Ihr strahlendes Antlitz blendete zu sehr das schwache Auge der kindlichen Menschheit. Unzählige Generationen mußten wechseln, bis nur Einzelnen gegönnt war, das Licht der Wahrheit kühnen Blicks zu schauen.

11 Diese umhüllten es aber mit einem Schleier, um es so der Menge sichtbar zu machen. Zeremonien und Gebräuche sollten für ewige Zeiten die Wahrheit durchschimmern lassen.

12 Spätere Geschlechter erklärten den Schleier selbst für heilig, und ihn zu lüften ward ein Verbrechen. Die den Schleier zerrissen, die Wahrheit rein erhalten wollten, wurden Märtyrer der Wahrheit.

13 Die Unwissenheit aber, die noch vorherrschte, war für reine Wahrheit nicht empfänglich und man beging den Irrthum daß man das Wissen durch den Glauben ersetzte.

14 Das Licht der Wahrheit verbarg sich immer mehr, ein Irrlicht war es nur, das jetzt zum Vorschein kam. Bedrängnißvolle Zeiten kamen über die Menschheit, Rohheit, Unwissenheit, Heuchelei und Lüge gelangten zur Herrschaft. Und es bildete sich mit der Zeit um die edle Frucht der Wahrheit ein dicker bitterer Schlacken.

15 Die Vernünftigen aller Zeiten waren nun bemüht, die Schale abzusondern, um die reine Frucht zu erhalten. Doch die Einen schälten zu dünn und erhielten keine reine, die Andern zu dick und verletzten die Frucht.

16 Nur wenige Auserwählte, die die Wahrheit klar gesehen, gab es zu allen Zeiten. Allein sie standen vereinzelt, ihre Stimme wurde nicht gehört, und so oft sie ihr Feuereifer für die Wahr-

heit zu muthigem Auftreten trieb, erlagen sie der rohen Gewalt, der Heuchelei, wurden verfolgt und vernichtet.

17 Die edelsten, hochherzigsten Männer zogen in den Kampf, aber ohne Banner, ohne Zeichen, wehrlos einem mächtigen Feinde gegenüber, fielen sie zum Opfer im ungleichen Kampfe.

18 Das ganze Heer der Seelenhirten, mit seiner blind gehorchenden Menge in dem einen, Philosophen, Zweifler, Religionslose und Vernunftreligiöse bunt durcheinander in dem andern Lager.

19 Die Philosophen wollten Lehren verbreiten, für welche die Menschheit in ihrer Gesammtheit nie empfänglich sein wird.

20 Manche bewiesen wohl durch riesige Geisteswerke auf's glänzendste ihre Gelehrsamkeit und ihre Geistesschärfe, der Gesammtheit aber brachten sie nur wenig Nutzen.

21 Die Zweifler wollten den Beweis in Händen haben, daß sich nichts beweisen ließe, sie zogen alles in Zweifel. Unstät und grundlos, wie ihre Lehren, konnten sie nirgends festen Boden fassen.

22 Der Zweifel ist wohl der einzige Weg, der aus der Oede der Unwissenheit in das reizende Blumenthal des Wissens führt, der Weg selbst ist aber dornenvoll und auf demselben stehen bleiben, eben so qualvoll als nutzlos.

23 Die Religionslosen wollten das morsch gewordene Gebäude niederreißen, ohne ein neues dafür aufzubauen. Selbst vermeintliche Glückseligkeit ist aber dem Volke ein kostbares Gut, es kann diese nicht entbehren, so lange ihm nicht Besseres geboten wird.

24 Wer eingewurzelte Uebel entwurzelt, macht wohl den Boden urbar, soll aber das Unkraut nicht von Neuem wachsen so muß der befruchtende Same erst hinzukommen. Dann erst kann er gute Früchte tragen.

25 Mit Geist und Witz, mit Zweifel und Leugnen vermochte man nie auf diesem Gebiete durchgreifende Wirkung zu üben,

nur reifere religiöse Lehren waren es immer, die die minder reifen geklärt und ihren Platz eingenommen haben. Religionen lassen sich, wie Edelsteine, nur durch ihres Gleichen schleifen.

26 Die Vernunftreligion ist bestimmt, den Samen auszustreuen, woraus das Heil der Menschheit erblühen soll, sie soll fortan das Band sein, welches alle Menschen umschlingen wird.

27 Die Menschheit ist reif genug, um das Heiligthum der Wahrheit zu betreten; die Vernunftreligion in positiver, greifbarer Form, wie sie die Gottheit durch die Vernunft geoffenbart, wird Wurzel fassen und Früchte tragen. Jedermann wird in ihr klar und einleuchtend das Licht der Wahrheit erblicken.

28 Sie wird das Banner werden, welches alle Vernünftigen vereinigt und sie zum Siege führt; zum Siege über die bösen Leidenschaften, über Vorurtheil und Zweifelsucht.

29 Die verschiedenen träumerischen Phantasiegebilde, die sich der Menschheit während eines langen Schlafes bemächtigten, werden einem lichtvollen Bilde weichen, welches bei offenen Augen in seinem vollen Glanze sich zeigt.

30 Die Scheidewand zwischen Brüdern wird plötzlich verschwinden und einer friedlichen Eintracht Platz machen, welche ihren Segen zum Heile der Menschheit verbreiten wird.

2.

1 Die Religion ist der Inbegriff alles Besseren in jedem Menschen. Sie mahnt ihn an seine körperliche Schwäche in der Sinnenwelt und an die Erhabenheit seiner Seele; sie lehrt ihn über das Sinnliche sich erheben und durch Tugend seine Glückseligkeit begründen.

2 Aber sie muß dem inneren Bewußtsein entstammen, von außen her kommt sie nicht. Ein Produkt der Vernunft, steht sie mit dem Zeitgeiste auf gleichem Höhepunkte.

3 Ist die Vernunft nicht reif, kann es auch die Religion nicht sein. Die Menschheit in ihrer Kindheit hatte auch eine kindliche Religion. Nur langsam schritt der Zeitgeist vor und langsam klärten sich die religiösen Begriffe.

4 Hervorragende Männer, die in ihrem Geistesfluge der Zeit voraneilten, wollten diese mit sich fortreißen. Ihr edles Bestreben war es, höhere religiöse Begriffe zu verbreiten.

5 Sie suchten womöglich dem Bestehenden, Veralteten, den Geist ihrer zeitgemäßen Ideen einzuhauchen und wo das nicht möglich war, schufen sie neue Lehren. Und es entstanden neue Sekten, neue Religionen.

6 Es lag aber im Geiste früherer Zeiten, daß die Religion nur Bekenner fand, wenn sie als direct von Gott herrührend bezeichnet wurde.

7 Denn der Gründer einer neuen Lehre, mußte immer den schwierigen Kampf mit der älteren bestehen, die auch seit uralten Zeiten als von Gott herrührend galt. Es mußte daher immer der echte, der wahre Gott, der Gott der Götter es sein, in dessen Namen man es wagen konnte, den Gott der alten Lehre zu verdrängen und als Abgott zu bezeichnen.

8 Es mußte ferner zu jenen Zeiten die Wahrheit in äußer= liche und greifbare Formen gekleidet werden, weil die Mensch= heit für reine Wahrheit nicht das erforderliche Maß der Reife besaß.

9 Wer aber seine Lehren direct von Gott empfing, der mußte das Geheimniß der Schöpfung kennen, sein Wissen mußte, bei seiner Vertrautheit mit Gott, unfehlbar und der Wahrheit entsprechend sein. Die von ihm anbefohlenen Formen wurden daher oft mit dem Wesen der Religion ver= wechselt und der Standpunkt seines Wissens mit in den Kreis der Religionslehren gezogen, was den Untergang dieser Lehren nur beschleunigen mußte.

10 Der Zeitgeist schritt unaufhaltsam vorwärts, die Lehren erwiesen sich als einer frühern Zeit angehörend, sie mußten

veralten. Dieselben Formen, dieselben Institutionen, die zu ihrer Zeit so heilsam, so fruchtbringend waren, erschienen einer vorgeschrittenen zweck= und sinnlos.

11 Gebräuche, die den Menschen, in seiner Rohheit veredeln sollten, wurden überflüssig für den von der Vernunft Erleuchteten. Symbole, die geschaffen wurden als Brücke zwischen der Lüge und der Wahrheit, standen, nachdem die Lüge geschwunden, selbst nur noch — als Lüge da!

12 Und auf dem Felde der Wissenschaft förderte der menschliche Geist bald Wahrheiten zu Tage, welche die früheren Ueberzeugungen umstoßen mußten. Lehren, die von Gott selbst herrühren sollten, erwiesen sich als Irrthümer!

13 Die Vernünftigen waren es wiederum, die vorwärts drängten. Neue Formen, neue Institutionen wurden an die Stelle der alten gesetzt, bis wieder diese wie ein Traum vergingen, und vom Zeitgeiste weggeschwemmt wurden.

14 Dies mußte so lange währen, bis endlich die Zeit gekommen, wo das reif gewordene Menschengeschlecht, von wahrer Religiosität beseelt, der Religionsmacherei nicht mehr bebedarf, bis die reife Vernunft der Menschheit ihre Religion diktirt.

15 Einmal zur Herrschaft gelangt, behält diese für alle Zeiten ihre göttliche Wahrheit. Formen, die einem ewigen Wechsel unterliegen und mit der Zeit das Wesen der Religion verunstalten müssen, sind ihr fremd. Sie ist der Ausfluß der reinen Vernunft, die in ihren Grundfesten unerschütterlich und ewig da steht.

16 Neue Denker, neue Ideen, neue Entdeckungen und neue Erfindungen auf allen Gebieten des menschlichen Wissens wird es immer geben, neue Religionen nicht mehr.

17 Die Vernunftreligion ist das Endziel religiöser Entwicklung. Sie kann durch den Zeitgeist nicht überflügelt werden, weil sie diesen in seinem Fluge nicht hemmt, weil sie mit ihm gleichen Schritt hält. Sie kann durch den schwindenden Glauben

nicht ermatten. Ihrer Begeisterung folgt keine Ernüchterung. Sie gewährt dem Geiste keinen erhitzenden Trank, nur kühle, aus frischem und klarem Borne quellende Labung.

3.

1 Die Vernunft ist das höchste Wesen, der Grund alles Daseins, die Einheit in der scheinbaren Mannigfaltigkeit, in ihrer Unendlichkeit die Gottheit selbst, und in den Funken, die diese ausstrahlt, die Zierde des Menschen, die Krone der Schöpfung.

2 Sie ist frei, und keine Macht auf Erden vermag ihr zu gebieten. Sie rührt unstreitig von Gott her, sie ist ein Theil Gottes, und was sie lehrt, ist göttlich.

3 Sie ist die Quelle unserer Glückseligkeit, unsere Seele, unendlich und unsterblich. Sie ertheilt dem Gemüthe das religiöse Selbstbewußtsein, welches zum ewigen Heile führt.

4 Nur ihre Herrschaft vermag es, dem reifen Manne Glückseligkeit zu bringen. Sie führt den Menschen durch die Wanderjahre seines Lebens, Heil dem, der ihrer Stimme gehorcht. Wer sie verleugnet, ist ein Sünder, wer sie verleugnen lehrt, ein Betrüger.

5 Sie bildet den Kern aller Religionen; sie zeigt sich aber in ihrer glänzenden Reinheit nur in ihrer eigenen Religion.

6 Sie kennt neben sich keine andere Autorität, ihre Autorität ist nur ein höheres Maß von Vernunft. Der Wille der Gottheit stellt sich der Vernunft niemals entgegen, weil sich die Gottheit nur mittelst der Vernunft dem Menschen offenbart.

7 Ihre Beschränktheit kann ihr nicht zum Vorwurfe gereichen. Wo sie schweigt, hat noch kein Sterblicher den Schleier gelüftet, wo sie aber spricht, muß der Aberglaube und die Unwissenheit schweigen. Selbst im beschränktesten Maße enthält sie den Keim unendlicher Entwicklung, und ihr stetiger Fortschritt bekundet ihre wahre Größe.

8 Die Vernunft ist dem Irrthum unterworfen, behaupten aber ihre Gegner. Sollen wir deshalb dem Irrthume huldigen? ist uns die Vernunft nicht dazu verliehen, um den Irrthum zu bekämpfen? Haben nicht selbst die Irrthümer der Vernunft, die Menschheit stets zur Wahrheit und zum Fortschritte geführt und nur die Irrthümer des Aberglaubens sie in's Verderben gestürzt? Mit welcher Ehrfurcht blickt die Nachwelt auf die Irrthümer der Vernunft früherer Zeiten zurück, und wie erbärmlich erscheinen ihr die Verirrungen des Aberglaubens jener Zeiten!

9 Irren ist menschlich, aber nicht vernünftig. Der Mensch irrte gar oft vom Wege der Vernunft ab und die Vernunft ist es, die fortwährend ihren Mahnruf an die Verirrten ergehen ließ, von ihren Irrthümern zu lassen.

10 Es lag in der Weisheit der Schöpfung, daß auch die Vernunft, wie ein leibliches Geschöpf, ihre Kinderjahre durchmache. Es mußte der Baum des Wissens erst keimen, blühen, wachsen, bis er für die Menschheit reife Früchte trug.

11 Bevor er herangereift, weihten die Menschen der sinnlichen Außenwelt ihre Gefühle. Die Bewunderung des Schönen führte ursprünglich den unreifen Menschen zum Götzendienste. Knechtung, Menschenopfer und unzählige Gräuel waren in seinem Gefolge.

12 Wie nur die Vernunft zu keimen anfing, zerstörte sie der Götzendienst und schaffte seine Mißbräuche ab. Noch aber war sie nicht reif genug, um ihr Herrscherrecht anzutreten.

13 Das Gemüth wollte dann den besseren Menschen beherrschen, es glaubte aber immer noch, der Vernunft entbehren zu können und es artete aus in Frömmelei, Priesterherrschaft, Unduldsamkeit und Verfolgungssucht.

14 Die Vernunft reifte immer mehr heran, sie forderte mit Ungestüm ihr Recht, bevor aber die Menschen zur Einsicht gelangten, daß nicht nur die Unterschätzung, sondern auch die Ueberschätzung der Vernunft gefährlich, daß ihr Wissen nur die Folge sinnlicher Empfindungen, daß ein übersinnliches Wissen

für irdische Geschöpfe nicht denkbar, daß das Gefühl und das Gemüth Rechte besitzen, an welchen sie zu rütteln nicht berechtigt sei, kamen noch manche Auswüchse derselben zum Vorschein. Gerade der besser denkende Theil der Menschheit verfiel gar oft in ein zweites Extrem.

15 In dem Wahne, durch übersinnliche Speculationen die Geheimnisse der Schöpfung ergründen zu können, vertieften sich manche in unnütze Grübeleien, geriethen auf Irrwege, und schoben endlich der Vernunft Grundsätze unter, die sie geradezu entweihen.

16 In ihrem Namen wollten sie alle besseren Gefühle des Menschen verleugnen, und ihn des Bewußtseins seiner höheren Bestimmung berauben. Empörender Materialismus, selbst Rohheit, Grausamkeit, Schrecken und Verzweiflung zeigten sich im Gefolge dieser Ausartung.

17 Erst das reif gewordene Menschengeschlecht vermochte es einzusehen, daß nur der reinen Vernunft, die sich in den Grenzen hält, die ihr die Allmacht angewiesen, die Herrschaft gebühre.

18 Sie allein lehrt den Menschen nach Höherem streben, seine Glückseligkeit suchen und finden. Die da glauben, sie auf anderem Wege zu finden, trügt nur ein Schein, der Wurm des Zweifels nagt gar bald an ihrem Inneren.

19 Der reinen Vernunft nur, die dem Aberglauben und der Zweifelsucht gleich fern steht, offenbart sich die Gottheit zu jeder Zeit. Die Religion, die sie verkündet, steht, wie alle göttlichen Naturgesetze, unabänderlich fest, über jeden Zweifel erhaben. Sie verkündet uns dieselbe, im Namen der Allmacht, mit klarer, überzeugender Stimme.

4.

1 Gott ist die Seele des Weltalls, die Quelle alles Lebens, die Ursache aller Erscheinungen und ihrer Ursachen. Er offen-

bart sich allen Vernünftigen, zu allen Zeiten durch die unermeßliche Materie und die ewige Consequenz ihrer Gesetze.

2   Das Dasein Gottes aus den Irrgängen übersinnlicher Speculation erst ergrübeln wollen, ist der Weg zur Erkenntniß Gottes nicht.

3   Gar viele glaubten durch derartige Speculationen, die Jahrtausende hindurch das Mark der Denker verzehrten, das Dasein Gottes beweisen zu müssen, sie bewiesen aber nur die Fruchtlosigkeit solcher Bestrebungen. Sie richteten ihren Blick nach unabsehbaren Tiefen und wirbelten nur selbst den Staub auf, der ihnen das Naheliegende verdunkelte!

4   Kaum daß der Eine nach langem Brüten etwas als erwiesen erachtete, widerlegte es der Andere in schlagendster Weise. Und der gesunde Kern der Menschheit besitzt nicht den Willen, noch die Gabe, den Philosophen in ihren Irrgängen zu folgen und ihr schwankendes Ergebniß als Grundpfeiler aller Religiosität hinzunehmen.

5   An Gott glauben, weil es geboten ist, genügt aber viel weniger. Denn wer hat es geboten? Ein Mensch! Ein erhabener göttlicher Mensch! Wenn aber an diesem Menschen, im Innern der Seele ein Zweifel entsteht, soll der Glaube an Gott verloren gehen? Und der Gottesleugner, er braucht nur an diesem Menschen zu leugnen?!

6   Die Gottesverehrer und Gottesleugner streiten also nur um Worte. Wen verehren die Einen? Wen verläugnen die Andern? Beide wissen es nicht. Nicht Gott, ein Mensch ist es nur, um den sie streiten!

7   Nicht so der Vernunftreligiöse, er ist von Gott durchdrungen. Er bedarf des Glaubens nicht und der Grübelei auch nicht, er fühlt in sich und sieht um sich, in Allem und Jedem den waltenden Gottesgeist. Er hört die Stimme der Vernunft, die ihm zuruft:

8   Das Weltall, dieses prachtvolle Gebäude, wer hat es gebaut? Ewige Gesetze regieren die Welt, wer ist der Gesetzgeber? Der Mensch denkt vernünftig, wo rührt diese Denkkraft her?

Die Materie, ihre Form, ihre Eigenschaften, sie zeigen uns die Allmacht, Allweisheit, Unendlichkeit.

9 Die Welt mag in sich die Kraft besitzen, sich zu entwickeln, zu vervollkommnen, zu veredeln, es ist möglich, daß selbst die vollendetsten Organismen sich erst allmälig herausgebildet haben.

10 Aber schon die ersten Atome, ihre Kraft, sich zu entwickeln und die Gesetze, vermöge welcher dies geschieht, die menschliche Seele und ihre göttlichen Eigenschaften weisen unwiderstehlich auf einen allweisen Schöpfer hin.

11 Wirkungen ohne Ursache? Geschöpfe ohne Schöpfer, Gebäude ohne Baumeister? Gesetze ohne Gesetzgeber? Alles aus blinder Nothwendigkeit? Das ist nicht denkbar. Ein geistvolles Buch kann keinen geistlosen Autor, ein kunstvolles Uhrwerk muß einen Meister haben.

12 Das Auge kann täuschen, Schlüsse können bezweifelt, Beweise widerlegt werden, allein das Undenkbare ist für die reine Vernunft nicht möglich.

13 Das Wesen der Gottheit, den Zeitpunkt der Schöpfung, ihr unerforschliches Triebwerk, kann freilich kein Sterblicher erfassen. Die Unendlichkeit im Wesen und in der Materie, in Zeit und Raum, im Großen und Kleinen, sie steht außerhalb unserer Begriffe. Solange wir die einzelnen Buchstaben dieses unerforschlichen Buches nicht entziffert, können wir dessen leitenden Gedanken nicht ergründen.

14 Aber die Strahlen verkünden die Sonne, wenn sie auch außerhalb unseres Gesichtskreises sich befindet. Und wenn wir auch mit unseren schwachen Sinnen die Gottheit nicht fassen können, das unendliche Lichtmeer, das sie ausstrahlt, gibt Zeugniß von ihrem Bestande.

15 Der Vernunftreligiöse vergißt an die Gottheit keinen Augenblick, er hat sie stets vor Augen.

16 Doch wie wäre das möglich? Unsere Gedanken fassen ja nur körperliche Wesen, die den Sinnen wahrnehmbar sind?

17 Wir sehen einen mit Vernunft begabten Menschen und behalten ihn in unseren Gedanken. Wir stellen uns den Leib vor, den wir gesehen und wir denken an den Geist, der ihn beseelt. Wir sehen das unendliche Weltall, es lebt, es schafft, es regt und bewegt sich, dieses behalten wir in unseren Gedanken und wir denken dabei an den allmächtigen Geist, der es beseelt, und wir haben die Gottheit stets vor Augen.

18 Wer aber die Gottheit stets vor Augen hat, fühlt auch das lebhafteste Bedürfniß, ihrem Willen nachzukommen, sie zu verehren, zu lieben und ihr zu dienen.

19 Der Vernunftreligiöse verehrt die Urquelle alles Wissens indem er der Vernunft huldiget, und das Wissen fördert. Er liebt die Gottheit, indem er den ihm eingeprägten göttlichen Gefühlen sein Herz erschließt und der Tugend sich weiht. Sein Gottesdienst besteht in dem Befolgen der göttlichen Gesetze, er lauscht der Stimme der Natur nach und fügt sich ihrem leisesten Winke.

20 Lobpreisungen, die in der Luft verhallen und nicht einmal einem vernünftigen Menschen zusagen würden, schwärmerische Gedanken, die den Menschen in seiner Phantasie zur Gottheit erheben und in der Wirklichkeit als Trugbilder sich erweisen, und abergläubische Gebräuche, an denen Gott Gefallen finden sollte, bedeuten für ihn eine Entweihung der Gottheit.

5.

1 Die Eigenschaften der Gottheit die Gerechtigkeit, Güte Barmherzigkeit, Allmacht, Allweisheit, sind sämmtlich den menschlichen Eigenschaften entlehnt. Weil sie in unvollkommenem Maße schon den Menschen zieren, schreiben wir sie in unendlichem Maße der Gottheit zu. —

2 Die Gottheit hat dem Menschen diese Eigenschaften eingeprägt und ihm, durch die Vernunft und das Gemüth befohlen,

sich dieselben anzueignen, daraus erhellt, daß Gott die Ur=
quelle all' dieser guten Eigenschaften ist.

3   Alle diese Eigenschaften gehören zum Wesen Gottes, sie
sind von diesem unzertrennlich, wie dieses unendlich und unseren
Begriffen unerreichbar.

4   Manche finden die Allwissenheit Gottes mit dem freien
Willen des Menschen in unlösbarem Widerspruche. Wenn Gott
vermöge seiner Allwissenheit die menschlichen Handlungen im
Voraus zu bestimmen weiß, so wäre ja der Mensch in der
Wahl seiner Handlungen nicht frei? Gibt es aber bei gezwun=
genen Handlungen, Tugend und Laster? Belohnung und Strafe?
Sie vergessen nur, daß sie der Gottheit eine Allwissenheit ge=
wahrt wissen wollen, die Gott selbst von sich wies.

5   Die Allmacht, die in der unendlichen Schöpfung ewige
Gesetze walten läßt, die sie im Voraus bestimmte, wollte in
ihrer Weisheit das Gebäude krönen, und schuf vernünftige
Wesen, die in der Wahl ihrer Handlungen frei, einen Theil
ihrer Herrlichkeit bilden.

6   Welcher Abbruch geschieht da der Vollkommenheit Gottes,
daß die Handlungen des Menschen im Voraus nicht bestimm=
bar seien? So wollte es die Gottheit und ihr Wille geschah.

7   Ebenso irrig dachten wieder andere über die Güte, Ge=
rechtigkeit und Barmherzigkeit Gottes. In der göttlichen Ord=
nung der Dinge geschieht gar vieles, was nach menschlichen
Begriffen höchst ungerecht und unbarmherzig wäre, und so man=
cher ließ sich dadurch verleiten, an der Gerechtigkeit Gottes zu
verzweifeln.

8   Können aber die göttlichen Handlungen mit menschlichem
Maßstabe gemessen werden? Selbst einen Staubgeborenen
müssen wir erst anhören, bevor wir ihn verurtheilen, um wie
viel weniger dürfen wir die göttlichen Handlungen verurtheilen,
weil sie uns ungerecht erscheinen!

9   Der Vernunftreligiöse wankt nie in seiner Ueberzeugung,
daß die Gottheit gerecht, gut und barmherzig sei, weil nur

aus dieser Urquelle all' die guten Eigenschaften ausstrahlen können, die den Menschen zieren und seine Glückseligkeit begründen.

10 Er treibt aber mit den göttlichen Eigenschaften keinen gotteslästerlichen Mißbrauch. Er läßt nicht gegen Andersdenkende Gottes Zorn entbrennen und für seine eigenen Sünden göttliche Gnade walten. Er muthet der Gottheit nicht zu, daß sie ihren eigenen Willen, der sich in den Naturgesetzen ausspricht, beseitige, um dem seinigen selbst auf übernatürlichem Wege nachzukommen.

11 Die Anmaßung, göttliche Gnade für Andere erwirken zu können, ist in seinen Augen eine Verkennung der Gottheit, diese feilbieten, eine Gottlosigkeit, diese erflehen wollen, ein kindlich Begehren. Er ist überzeugt, daß Gott seine Gerechtigkeit und Güte nach ewigen Gesetzen walten und Jedem sein Loos nach Verdienst zukommen lasse.

6.

1 Die Unsterblichkeit der Seele, die allein im Stande ist, hinreichenden Ersatz zu bieten für die unvermeidliche Zerstörung, die uns erwartet, leuchtet nicht Allen mit der Klarheit ein, die jeden Zweifel bannen könnte.

2 Soll in dieser wundervollen Weltordnung, fragt die um ihre Existenz besorgte Menschheit, alles Leben vergänglich und nirgends ein höherer Zweck aufzufinden sein? Ist es möglich, daß vernünftige Wesen mit Selbstbewußtsein, denen die Gottheit einen Theil ihrer Herrlichkeit verlieh, mit ihrer körperlichen Auflösung einer ewigen Vernichtung anheimfallen sollen?

3 Das menschliche Gefühl sträubte sich stets gegen einen solchen Gedanken, allein das undurchdringliche Dunkel, in welches das zukünftige Leben gehüllt ist, ließ im Inneren der

Seele die nöthige Zuversicht nicht aufkommen, und die Lehren des Glaubens vermochten nie die Gemüther zu beruhigen.

4 Die Besserdenkenden bemühten sich daher die Unsterblichkeit der Seele zu beweisen: Die Seele ist mit dem Körper verbunden, der Tod löst diese Verbindung. Hört der Körper auf zu sein? Nein. Er löst sich in seine Theile auf, aber nicht ein einziges Stäubchen geht verloren. Der Organismus ist zerstört, die Theile erhalten eine andere Bestimmung. Die Seele kann sich nicht auflösen, sie ist untheilbar, sie trägt in ihrem zeitlichen Dasein schon den Beweis ihres ewigen Bestandes.

5 Vermochte aber dieser Beweis die unerschütterliche Zuversicht zu schaffen, die jeden Zweifel ausschließt? Durchaus nicht. Mit empörender Zudringlichkeit drängt sich dieser immerfort mit der Frage an uns heran:

6 „Träumen wir nicht mit offenen Augen? Ist nicht die Seele die Folge eines organischen Entwicklungsprocesses, die zu sein aufhört, sobald der Organismus sich auflöst? Hört doch die Seelenthätigkeit auf, sobald das Gehirn verletzt wird, stirbt nicht die Seele, so es ganz zerstört wird?

7 Wie können wir das Leben der Seele ohne Körper, auch nur für möglich halten, wir sehen doch die Seele nur thätig sein in Folge sinnlicher Empfindungen? Ein Geist ohne Körper ist doch unseren Gedanken gar nicht faßbar? Sind Thiere und Pflanzen auch unsterblich?"

8 Die Vernunftreligion allein bildet die mächtige Klippe, an der sich die unstäten Wogen des Zweifels brechen. Vernunft und Gemüth, die sich einander ergänzen, rufen uns mit überzeugender Stimme zu:

9 Die organische Zusammensetzung gedankenloser Theile kann keine selbstbewußte Seele schaffen, ihr Entstehen ist göttlicher Natur.

10 Die Seele ist, so lange sie mit dem Körper verbunden, zeitweise unthätig. Sobald das Gehirn ermüdet, sobald dasselbe verletzt wird, schläft die Seele. Aber wir sehen sie täglich aus

dem Schlafe zu neuer Thätigkeit erwachen. Wenn das Gehirn erstirbt, erwacht aber die Seele zu einem ewigen und freien Seelenleben.

11 Allerdings sehen wir sie nur denken in Folge sinnlicher Empfindungen, wer vermag aber das Seelenleben zu ermessen, um zu wissen, welcher Art ihr Denken im Schutze der Allmacht sei, sobald sie von den körperlichen Fesseln befreit wird?

12 Freilich ist ein Geist ohne Körper unserem Denkvermögen nicht faßbar, aber schon in der Sinnenwelt erfaßt unsere Begriffskraft gar Vieles nicht, ohne daß wir es deßhalb leugnen könnten.

13 Das unendlich Große, wie das unendlich Kleine ist unseren Gedanken unfaßbar, nichtsdestoweniger sind wir von seiner Existenz überzeugt.

14 Dem elektrischen Strome genügt ein Augenblick, um unsere ganze Erdkugel achtmal zu umkreisen, um den Raum von tausend Klaftern zurückzulegen, kaum der hundertsechzigtausendste Theil eines Augenblicks. Ist uns diese Geschwindigkeit begreiflich?

15 Und selbst das Leben hienieden, ist es für unsere Gedanken faßbar? Wir ergreifen die Idee des Lebens, wir kennen seine Erscheinungen, aber begreifen wir die Lebenskraft, die unseren Körper belebt? Und doch wissen wir, daß wir leben.

16 Und das Denken hienieden begreifen wir es? Wir empfangen Eindrücke von unseren Sinnen, machen uns Vorstellungen und bilden sie zu Begriffen aus. Aber konnte je ein Sterblicher behaupten, es zu begreifen, wie unsere Sinne überhaupt im Stande sind, Eindrücke zu empfangen und sie dem denkenden Geiste mitzutheilen? und doch können wir keinen Zweifel darein setzen, daß wir denken.

17 Wie können wir also das Seelenleben unmöglich halten, weil wir es nicht begreifen? Welche Ueberschätzung unseres Fassungsvermögens, das Leben der Seele ohne Körper deßhalb zu leugnen, weil wir eine solche Existenz nicht fassen können?

18 Müssen wir aber zugeben, daß das Seelenleben möglich ist, so wird es durch die Existenz des menschlichen Gemüthes, zur unumstößlichen Gewißheit.

19 Wie kläglich winden sich die Leugner der Unsterblichkeit, die Tugend, das Recht und die Sittlichkeit aufrecht zu erhalten!

20 Mit dem Leugnen der Unsterblichkeit müßten vernünftigerweise auch alle besseren Gefühle des Menschen verleugnet werden. Wenn die zeitlichen Genüsse das einzige Glück bilden, welches dem Menschen beschieden, so wäre es sinnlos, dieselben der Tugend und der höheren Moral zu opfern. Und doch wurzeln diese zu tief in der menschlichen Seele, als daß sie verleugnet werden könnten.

21 Thiere und Pflanzen mögen einer ewigen Vernichtung anheimfallen; sie wollen, vermöge ihres Naturtriebes, nur so lange leben, als sie Lebenskraft besitzen, entweicht ihnen diese, so sterben sie mit dem größten Gleichmuthe. Der Tod raubt ihnen nichts, von einer Zukunft haben sie kein Bewußtsein.

22 Aber Wesen schaffen, die in ihrer glücklichen Zukunft, im Dies- und Jenseits ihr höchstes Gut erblicken, und sie dieses Gutes berauben, sollte das Werk der Allweisheit, Allgüte sein? Die Gottheit, die dem Menschen durch die Vernunft Gerechtigkeit eingeprägt, sollte sie selbst in die größte Ungerechtigkeit verfallen?

23 Oder wohnt der Schöpfung, die, immer fortzeugend, unerschöpfliches Dasein in's Leben ruft, nicht die Kraft der Erhaltung inne? Sollte dieselbe Urkraft, die das Gehirn geschaffen, es in die Schädelhöhle versetzt und mit knöchernen Schalen umgeben, damit es geschont werde, nicht im Stande sein, die Seele ohne diese Hülle zu erhalten? Das ist nicht denkbar, nicht möglich.

24 Wie dieses Geistesleben beschaffen sei, das reicht an unser Wissen nicht. Das Wesen der Seele ist, wie das Wesen der allmächtigen Gottheit selbst, für den Sterblichen nicht faßbar, ihre Existenz aber in aller Ewigkeit unterliegt für den Vernunftreligiösen keinem Zweifel.

25 Wer aller besseren Gefühle baar, wem ein höheres Selbstbewußtsein gänzlich abgeht, wer ein wüstes Leben führen, sich zum Thiere erniedrigen will, mag die Unsterblichkeit der Seele leugnen, wem ein reines Geistesleben nicht einleuchtet, wer den Aberglauben der Vernunft vorzieht, mag den zerstörten Organismus wieder aufleben lassen und den todten Körper erhalten wissen.

26 Der Vernunftreligiöse ist indeß überzeugt von der Vergänglichkeit des organischen Körpers, er sieht die ganze Schöpfung in einem ewigen Bildungs- und Auflösungsprocesse begriffen wo nichts von Bestand ist. Die menschliche Seele aber erscheint ihm als die Frucht, als der höchste Zweck, als das einzig Bleibende in dem Triebwerke der Allnatur.

7.

1 Das Moralprincip des Vernünftigen ist die Begründung seines zeitlichen und ewigen Glückes.

2 Die Vernunft verbietet das Unrecht und gebietet das Recht und die Tugend. Sie zeigt fortwährend auf das Gewissen hin, welches nur in Tugend und Recht die nöthige Ruhe und Zufriedenheit findet.

3 Der Vernünftige ist moralisch im eigenen Interesse. Er bringt gern die Opfer, welche die Tugend erfordert, weil er dafür in seiner Seelenruhe reichlichen Lohn findet.

4 Er bezähmt seine Selbstsucht, um dafür ewiges Vergnügen einzutauschen und er meidet die Ungerechtigkeit, damit nicht Gewissensbisse seine Glückseligkeit zerstören. Er ist für seine Ueberzeugung jederzeit zu sterben bereit, weil ihm seine ewige Seelenruhe kostbarer erscheint, als die irdischen Lebensgüter.

5 Er sieht im menschlichen Gewissen den Wink der Gottheit, der ihm den Weg deutet, den er zu wandeln hat.

6 Manche wollen die Erfüllung der Pflicht nur der Pflicht halber und das Gute nur seiner selbst willen. Der Mensch,

sagen sie, muß Gott ähnlich sein, er muß sich die Eigenschaften Gottes aneignen; Gott ist gerecht, gütig, erbarmungsvoll, der Mensch muß auch streben es zu sein.

7   Noch nie hat ein denkender Mensch diese Lehre in sich aufnehmen können, ohne daß sich ein Berg voller Zweifel vor ihm aufthürmte.

8   Gott ist gerecht? Warum läßt er den Frevler die Fülle des Lebens genießen, während er den Tugendhaften in Noth und Elend verschmachten läßt? Warum schuf er den Einen gesund, den Andern verkrüppelt? Den Einen wohlgestaltet und weise, den Andern häßlich und dumm? Warum rafft er unschuldige Kinder hin? Warum tödtet er oft die Frucht im Mutterleibe? Warum schuf er reißende Thiere, deren Leben den Tod anderer bedingt?

9   Wir sehen wohl die ewigen Gesetze, ihre eiserne Consequenz, wir sehen Allmacht, Allweisheit, wo aber begegnen wir einer besonderen Rücksicht? der Güte, dem Erbarmen, der Gerechtigkeit? Ist nicht Gott derjenige, der jeden Organismus zerstört?

10   Derartige Zweifel nagen stets an dem Gewissen aller Menschen, denen man Gottähnlichkeit in ihren Tugenden anbefiehlt, und verwirren die Gemüther.

11   Den Vernunftreligiösen machen sie nicht irre. Er schöpft die Moral aus seinem besseren Selbstbewußtsein, aus der Tiefe seiner Seele.

12   Er thut seine Pflicht, weil es ihm das Gewissen gebietet, er vermißt sich aber nicht seine Thaten, seine Tugenden, mit dem Walten der Allmacht in eine Reihe zu stellen.

13   Er zweifelt nicht an der göttlichen Gerechtigkeit, er ist überzeugt, daß Gott die Urquelle aller Gerechtigkeit sei. Gott theilt die Fülle des Lebens aus, er allein hat das Recht es zu nehmen. Gott theilt die Fülle der Lebensgüter aus und seine Weisheit bestimmt das Maß dieser Vertheilung.

14   Daß hierin Gerechtigkeit herrscht, schließt der Vernünftige aus der Gerechtigkeit des Menschen. Die Gottheit, die dem

Menschen durch das Gewissen Gerechtigkeit eingeprägt, muß nothwendig auch selbst gerecht sein. Aber eben so, wie wir das Wesen der Gottheit nicht kennen, vermögen wir auch ihre Gerechtigkeit nicht zu ergründen.

15 Die Vernunftreligiösen nehmen daher nicht die Gerechtigkeit Gottes zum Maßstabe menschlicher Gerechtigkeit. Sie finden diesen Maßstab nur in ihrem eigenen Gewissen.

16 Ihr Moralprincip ist ihnen daher heilig und über jeden Zweifel erhaben. Sie müßten an sich selbst verzweifeln, wollten sie an diesem irgend welchen Zweifel aufkommen lassen.

8.

1 Menschenliebe ist der Grundpfeiler jeglicher Tugend, ihr müssen sich zunächst die Herzen erschließen. Für die irdischen Welten ist das Gesetz der Schwere, für die Geister aber die Liebe, zur gegenseitigen Anziehung geschaffen. Die Vernunftreligion lehrt diese im Namen der Vernunft, sie ruft ihren Bekennern zu:

2 Sind nicht alle Menschen von denselben Bedürfnissen, denselben Gefühlen und denselben Wünschen beseelt? Eilen sie nicht alle jenem Zustande entgegen, wo die vollkommenste Gleichheit herrscht? Kann sich der Mensch als ein für sich bestehendes Wesen betrachten? Sind nicht vielmehr alle irdischen Geschöpfe die Theile Eines großen Ganzen, welches sie nach einer kurzen, scheinbaren Sonderexistenz in seinem Schoße aufnimmt, wo sie im Laufe der Zeiten unter ganz eigenthümlichen Verhältnissen in einander verschmelzen?

3 Hat nicht die Vorsehung die Grundbedingung des menschlichen Daseins auf vereinte Kräfte und gegenseitige Zuneigung gegründet? Sind nicht die unentbehrlichsten Bedürfnisse im menschlichen Leben nur durch das Zusammenwirken Aller zu erzielen? Sind nicht die Wechselfälle im socialen Leben so überwältigend, daß kein Mensch sich ihrer entschlagen kann?

4 Wem dieses Alles stets vor Augen steht, erblickt in jedem Menschen sein eigenes Ebenbild, dem er Achtung und Liebe schuldet. Sein Herz öffnet sich weit für Menschenliebe in ihrer edelsten Bedeutung. Selbst Thiere und Würmer wird er nicht grausamerweise quälen oder ihres Lebens berauben.

5 Wer die besonderen Wohlthaten zu würdigen versteht, die ihm zu Theil werden, der wird auch seiner besonderen Pflichten stets eingedenk sein.

6 Der Familie verdanken wir unser Leben, unsere Erziehung wir müssen ihr zu allererst unsere Liebe zuwenden.

7 Den Gesinnungsgenossen verdanken wir die Geltendmachung unserer Ansichten und unserer Wünsche, jeder bessere Mensch muß für seine Partei einstehen.

8 Dem Volke, dem wir entstammen, verdanken wir unsere Sprache, unsere Sitten, wir sind verpflichtet, es zu lieben. Dem Staate verdanken wir die Sicherheit unseres Lebens, unseres Eigenthums, wir haben daher die Pflicht, diesem unsere besondere Liebe zuzuwenden und in Zeiten der Gefahr für ihn alles einzusetzen. Dem allgemeinen menschenfreundlichen Gefühle zu Liebe darf Niemand seine besonderen Pflichten vernachlässigen.

9 Wer aber auf diesem Punkte stehen bleibt und in seinem Herzen nicht Raum genug findet, um die ganze Menschheit zu umfassen, erreicht die höchste Stufe der Menschenliebe noch bei weitem nicht.

10 Die Familie ist im Staate, das Volk im Völkerleben nur ein Glied Eines großen Ganzen. Und auf dieses große Ganze müssen wir unsere Blicke richten, wenn wir die heilige Pflicht der Menschenliebe erfüllen wollen.

11 Der Vernunftreligiöse schließt keinen Menschen, keine Seele auf der weiten Erde von seiner Liebe aus. Er betrachtet Jeden für gleich und Seinesgleichen, erkennt Jedem das Recht des Daseins zu und ist bestrebt, nach Kräften ihm dasselbe zu erleichtern.

12 Wohl predigten die Religionslehrer aller Zeiten ihre Lehren unter dem Titel der Liebe. Allein diese wurde nicht

als oberstes Gebot der Vernunft hingestellt, sondern zu einem gemeinen Glaubenssatze herabgewürdigt.

13   Und so kam es, daß die Liebe bald anderen Glaubens=
sätzen, deren Befolgung Haß und Verfolgung mit sich führten, weichen mußte. Es kam, daß man Scheiterhaufen errichtete, um die Herzen für die Lehre der Liebe zu erwärmen!

14   Die Liebe, von der der Vernunftreligiöse durch=
drungen, wurzelt tief in seiner Seele und er wird sie in seinen Handlungen nie verleugnen.

15   Allein auch das Gefühl der Liebe muß von der Ver=
nunft beherrscht werden. Die Liebe zu den eigenen Sprößlingen ist der menschlichen Natur so tief eingeprägt, daß die Ver= nunft vor Uebertreibung derselben warnen muß. Der Ver= nünftige verweichlicht seine Nachkommen nicht, er verhält sie frühzeitig zu einem naturgemäßen, vernünftigen Leben.

16   Auch gegen sich selbst legt die Vernunft dem Menschen
manche Pflichten auf. Die Verzichtleistung auf Ueberflüssiges, die Bezähmung der Selbstsucht, welche die allgemeine Menschen= liebe ihm auferlegt, darf nicht zu übertriebener Selbstverleug= nung führen.

17   Der Mensch hat Pflichten zu erfüllen. Der Lebensjunte,
der ihm verliehen, gehört der Gesammtheit. Er darf daher denselben, weder durch naturwidrige Schwelgerei, noch aber auch durch zu große Entbehrungen und Ueberanstrengungen ermatten, oder frühzeitig erlöschen lassen. Selbst von der Würde, die ihm ein edles Selbstbewußtsein auferlegt, darf er nichts vergeben. Nebst allgemeiner Menschenliebe hält der Ver= nünftige die Schonung und Achtung seiner selbst nicht minder heilig.

9.

1   Die Moralität der Vernunftreligiösen ist Gemeingut
aller Menschen, aller Religionen.

2   Sie ist unwandelbar und ewig, wie die Gottheit, von der sie dem Menschen in's Herz gegossen wurde.

3   Sie war schon vor Jahrtausenden dieselbe und wird es in aller Ewigkeit bleiben. Keine Religion, keine Lehre hat es je gewagt, sie anzutasten und die Moralphilosophie aller Zeiten ist nicht im Stande, an ihr etwas hinzuzufügen.

4   Sie läßt sich in wenigen Hauptsätzen zusammenfassen, aus denen das Uebrige leicht gefolgert werden kann. Sie lauten:

5   „Du sollst nicht morden, nicht rauben, nicht stehlen, nicht betrügen, nicht nothzüchtigen, nicht neidisch nicht rachsüchtig sein, ehre Vater und Mutter, liebe Deinen Nächsten, gib dem Armen so viel Du kannst, erbarme Dich besonders der Witwen und Waisen. Und dergleichen Lehren, die in dem Satze gipfeln: „Liebe Deinen Nächsten, wie Dich selbst", „thue Anderen nicht, was Du nicht willst, das Dir Andere thun", „handle so, daß der Grundsatz Deines Willens als allgemeines Gesetz gelten könnte."

6   Alle diese Lehren hat Gott durch die Vernunft dem Menschen in's Herz geschrieben.

7   Das Gefühl der Gerechtigkeit, des Mitleids und der Menschenliebe, ist die Quelle dieser Lehren und die Vernunft ist es, welche sie zu allgemeinen Gesetzen erhebt und ihnen im Kampfe mit der Selbstsucht zum Siege verhilft.

8   Kein Volk war je ausschließlich im Besitze dieser Wahrheiten und nicht irgend Ein Mensch hat sie verkündet.

9   Alle Religionslehrer haben diese Lehren, die Gott der Vernunft geoffenbart, ihren Religionen zu Grunde gelegt.

10 Nur wollte Jeder von ihnen diese unmittelbar und ausschließlich, als eine Bevorzugung der Gottheit, von dieser selbst erhalten haben.

11 Der Vernunftreligiöse ist überzeugt, daß Gott für alle Menschen nur Eine Liebe und Ein Recht geschaffen.

12 Die Vernunft und das Gemüth sind die zwei Tafeln, worauf diese Lehren mit feurigen Lettern geschrieben stehen.

13 Wohl haben ihnen manche die bestimmte Form von Gesetzen gegeben, die sie im Namen Gottes zu befolgen befahlen.

Die Ausartungen aber, die unter dem Schutze dieser Gesetze stattfinden konnten, findet der Vernünftige nur bedauernswerth.

14 Weil sie eben im Namen Gottes unter vielen anderen göttlichen Geboten, befohlen wurden, konnten sie nie Wurzel fassen. Wer sich durch Glauben, Ceremonien und Gebräuche, eben so gut Gott gefällig machen kann, findet sich nur zu oft geneigt, die Lehren der Moral bei Seite zu schieben.

15 Der Vernunftreligion ist es beschieden, alle Hindernisse wegzuräumen, die der Entwicklung dieser Lehren hemmend entgegentreten. Ihr bleibt es vorbehalten, die Moralität, von der die Gemüther durchdrungen, in Fleisch und Blut der Völker übergehen zu lassen.

16 Der Fortschritt, der sich auf diesem Gebiete erstreben läßt, liegt in der allgemeinen Verbreitung und in der steten Beobachtung derselben. Der Vernunftreligiöse, der die Gottheit stets vor Augen hat, kann auch an den edlen Ausfluß derselben, die Moralität, keinen Augenblick vergessen.

10.

1 Die Sünde ist ein nothwendiges Uebel. Die Schöpfung, die in ihrer Weisheit die Tugend und die Wissenschaft und das Streben nach denselben für das Heil der Menschheit als nöthig befunden, mußte auch die Sünde zulässig machen.

2 Je verführerischer die Sünde, je schwieriger es ist, ihr aus dem Wege zu gehen, desto heller glänzt die Tugend, die diese Hindernisse besiegt.

3 Die schönsten Tugenden: Herzensgüte, Menschenliebe, Moralität, Wissenschaft und Fortschritt, erscheinen erst in ihrem wahren Werthe, wenn sie dem Jähzorn, dem Neid, der Lüsternheit nach fremdem Gute, dem Aberglauben und dem Vorurtheile entgegengehalten werden.

4 Muß aber deshalb der Mensch sündigen? Muß wenigstens ein Theil der Menschheit der Sünde verfallen? Wäre eine

Erbsünde, schon in unserem Blute gelegen? Nein! Die Freiheit des menschlichen Willens liegt eben zu klar am Tage.

5 Die als Anwälte Gottes sich wähnenden Leute glaubten freilich stets, die Anzahl der Sünden vermehren, die Möglichkeit ihnen zu entgehen als unerreichbar darstellen, und die rachsüchtige Gottheit in den grellsten Farben ausmalen zu müssen.

6 Die gesammte Menschheit müßte, nach ihrem Wunsche, aus lauter zerknirschten Sündern bestehen, denen zur Rettung vor den fürchterlichen Höllenqualen, die sie erwarten, nur der einzige Weg offen steht, ihnen ihre Sünden zu bekennen, von ihnen Verzeihung zu erhalten, um — von Neuem sündigen zu können.

7 Der Vernunftreligiöse sieht im menschlichen Gewissen ein Warnungszeichen aufgestellt, worauf geschrieben steht: „Wer gegen die Vernunft, gegen das Gewissen, handelt, oder das unterläßt, was diese ihm anbefehlen, begeht eine Sünde.

8 Wie die Pflege des Körpers zur physischen, gehört die des Geistes zur moralischen Selbsterhaltung. Für die Erstere hat die Vorsehung durch einen mächtigen Selbsterhaltungstrieb vorgesorgt, die Letztere aber ist nur durch Tugend und Wissenschaft erreichbar, sie soll das Verdienst der Menschen bilden, sie ist seinem freien Willen anheimgegeben. Wer sie vernachlässigt ist ein Sünder.

9 Nur über eigene Sünden darf der Mensch zu Gerichte sitzen. Solange diese nicht in Vergehen ausarten, der Gesellschaft schädlich werden, darf kein Mensch Andere wegen ihrer Sünden verfolgen. Hierzu ist nur derjenige berechtigt, der in der tiefsten Tiefe der Seele lesen, und das Innere des Menschen durchschauen kann."

10 Der Vernünftige ist überzeugt, daß es die Gottheit selbst ist, die durch das Gewissen diesen Mahnruf ergehen läßt, und er folgt diesem Rufe, damit er nicht selbst seine Seelenruhe zerstöre, und seine Glückseligkeit vernichte. Indem er die Gottheit stets vor Augen hat, findet er in diesem Gedanken hinlänglichen Schutz vor jeder Sünde.

11   Allerdings lauert die Sünde uns auf, sie ist auf ihre Beute gierig und es gehört ein sehr beharrlicher Wille ihr auszuweichen. Es gibt Momente, wo selbst der Vernünftige, von Selbstsucht getrieben, die Stimme seines Gewissens überhört, an die Gottheit vergißt, sich selbst seines Schutzes beraubt und der Sünde anheimfällt.

12   In solchen Fällen ist aufrichtige Reue geboten, um in bessere Bahnen einlenken zu können. Buße ist gleichfalls von Nutzen, sobald der Mensch zur Beseitigung sündhafter, sinnlicher Begierden, Entbehrungen sich auferlegt.

13   Reue und Buße können vielleicht selbst gegen die schwersten Sünden als Gegengewicht in die Wagschale der göttlichen Gerechtigkeit fallen und diese zu Gunsten des Menschen neigen.

14   Sie müssen aber von besseren Thaten begleitet sein. Wehe, wenn die Reue erst eintritt, nachdem die Kraft zur Besserung bereits geschwunden. Denn der Vernunftreligiöse stützt seine Hoffnung nicht darauf, daß die Gottheit, durch Bitten und Fürbitten sich herbeilassen werde, Abläße zu gewähren, und begangene Sünden ungeschehen zu machen.

11.

1   Das menschliche Strafrecht erscheint uns ganz über jeden Zweifel erhaben, natürlich und selbstverständlich. Ein Verbrecher muß bestraft werden! Und doch, zu welchen Verirrungen hat dieses Recht geführt! Wie oft ist nicht im Namen dieses Rechtes der Arm der Gerechtigkeit durch schändliche, die Menschheit entehrende Grausamkeiten gebrandmarkt und durch unschuldiges Blut befleckt worden!

2   Bei reifer Erwägung stellt sich heraus, daß diesem Rechtsgefühle gar oft eine gefährliche Beimengung des verwerflichsten Rachegefühls innewohnte, daß oft das Vorurtheil und noch öfter übertriebene Furcht vor allzugroßer Ueber-

handnahme der Verbrechen, den Gesetzgeber und den Richter
zu unmenschlichen Strafen verleiteten, die ein weit größeres
Verbrechen bildeten als dasjenige, gegen welches sie die ge=
rechte Strafe zu verhängen vermeinten. Die besserdenkenden
Rechtsgelehrten waren daher stets bemüht gewesen, das Straf=
recht dem Zeitgeist gemäß zu regeln und zu mildern.

3 Könnte es vielleicht gänzlich aufgehoben werden? Kein
Vernünftiger hat je der Gesellschaft zugemuthet, auf dieses
Recht gänzlich zu verzichten, denn das Recht der Selbster=
haltung muß immer als oberstes Gesetz der Vernunft gelten.
Die Endentwicklung des Strafrechtes kann nur darin bestehen,
daß es als ein Recht nicht aber als eine Pflicht der Ge=
sellschaft angesehen werde, daß Gesetze geschaffen werden, die
auf einer gründlichen Würdigung der menschlichen Schwächen
beruhen, die für die Mängel der gesellschaftlichen Zustände den
Einzelnen nicht büßen lassen, und daß diese Gesetze so gehandhabt
werden, daß sie als Nothwehr dienen und die Gesellschaft vor
weiterem Schaden schützen. Was darüber hinaus, ist zu vermeiden.

4 Allerdings ist das Bestrafen eines Menschen, selbst in
der mildesten Form, geeignet unsere Gefühle von allgemeiner
Menschenliebe zu trüben.

5 Das Uebel des Verbrechens liegt nicht allein in dem
unmittelbaren Schaden, den es anrichtet, es hat ein besonderes
tiefes Uebel in seinem Gefolge. Der Verbrecher, der sein ver=
stocktes Herz der Menschenliebe verschließt, nöthigt uns, mit
Hintanhaltung unserer besseren Gefühle, zu gleichem gegensei=
tigen Verhalten. Er bringt einen grellen Mißton in die
Harmonie der allgemeinen Menschenliebe, die auf Gegensei=
tigkeit beruht.

6 Wir fühlen uns glücklich in dem Gefühle allgemeiner,
unbeschränkter Menschenliebe, da drängt sich eine Frage an
uns heran, die mit gebieterischer Stimme eine Ausnahme
fordert.

7 Sollen wir diejenigen ungeschmälert lieben, die uns
Schaden zufügen? sollen wir dem Verbrecher mit derselben

Schonung begegnen, wie jedem anderen ehrlichen Manne? werden durch eine solche Behandlung die Verbrechen sich mindern und aufhören? oder sollen wir den Verbrecher in empfindlicher Weise fühlen lassen, daß er gefehlt habe? Sollen wir seine Freiheit, die er verwirkt, beschränken? sollen wir ihn opfern, um auf Andere seines Schlages einen heilsamen Schrecken zu üben?

8   Jene, bei denen das Gefühl höher stand als die Vernunft, meinten, es wäre Pflicht auch Verbrechern gegenüber unsere Menschenliebe, in gewohnter Weise, zu bewahren. Die Vernunft aber gebietet uns, dem Verbrecher gegenüber, dem Gefühle der Selbsterhaltung Rechnung zu tragen und ihn seiner Handlungsweise angemessen zu behandeln, damit die Gesellschaft vor weiterem Schaden bewahrt bleibe.

9   Vergreift sich der Frevler an seinem Nebenmenschen, so sei dieser berufen, die Missethat heimzuzahlen. So Dir Jemand einen Streich versetzt, so sei Dir das Recht, den gleichen Streich zurück zu führen. Es entspricht menschlicher Würde nicht, solchen Uebermuth in übel angebrachter Demuth hinzunehmen.

10   Vergreift sich der Verbrecher an unserem Eigenthume oder ist er auf irgend eine andere Art der Menschheit schädlich, so verfällt er dem Gerichte, welches ihn verurtheilt.

11   Da ziemt es jedoch, die Menschenliebe nur einen kurzen Augenblick nicht walten zu lassen. Das Gefühl der Sühne und Versöhnung ist bestimmt, unser Herz selbst dem Verbrecher nach überstandener Strafe wieder zu erschließen.

12   Die Rache aber sei uns fern, denn selbst die bittere Pflicht des Strafens muß von Menschenliebe beseelt sein. Menschen sollen menschlich strafen.

13   Die Art des Strafens hängt allerdings von der Art der Verbrechen und dem jeweiligen Culturzustande ab. Verwarnungen und Ehrenstrafen dürften jedoch im Reiche der Vernunftreligion in vielen Fällen genügen.

14 Das Leben darf dem Verbrecher niemals genommen werden. Der Frevler sei noch so verrucht, der Weg zur Besserung muß ihm offen gehalten werden. Wir haben das Recht, uns vor dem Verbrecher zu schützen, seine Freiheit, die sich für die Menschheit schädlich erwiesen, ihm zu nehmen, seine Unthat aber durch eine Unthat zu bestrafen, entspricht der Vernunft nicht. Die Meinung, daß die Todesstrafe dem Wohle der Gesellschaft unerläßlich sei, ist mindestens zweifelhaft, die Tödtung aber sicher eine Unthat, die wir nicht wieder gut machen können.

15 Das menschliche Strafrecht überhaupt erstreckt sich aber nur auf Vergehen, die einem Anderen Schaden zufügen. Es ist nur ein Recht der Nothwehr. Die Ausführung desselben geschieht nur im Namen der Gerechtigkeit, im Namen des Staates, nie aber im Namen der Religion.

16 Sünder, die sich einem Lebenswandel überlassen, der ihr eigenes Heil zerstört, können wir nur bedauern, sie zu bestrafen, haben wir nicht das Recht. Die Anmaßung eines solchen Rechtes hat stets zu den bedauerlichsten Ausschreitungen geführt.

17 Die Bekenner religiöser Lehren, die ihre Gegner von Gott einer ewigen Verdammniß preisgegeben wähnten, glaubten der Gottheit gefällig zu sein, wenn sie diese bestraften und selbst ihres Lebens beraubten. Dem Vernunftreligiösen ist solche Anmaßung fern. Er glaubt sich nicht berufen, die Gottheit auf Erden zu vertreten.

12.

1. Die religiöse Zeremonie zur Ehre Gottes verdankt ihr Entstehen stets solchen Zeiten, wo der Geist des Volkes dem seiner Gesetzgeber bedeutend nachsteht.

2 So lange die Menschheit für reine Wahrheit nicht empfänglich, ist die Zeremonie am Platze. Sie ist bestimmt

beständig auf die Wahrheit hinzuweisen, um sie endlich zur allgemeinen Anerkennung zu bringen. Sie kann sogar, insofern sie eine erhabene Idee in sich birgt, eine begeisternde Kraft besitzen.

3   Sie vermag es indeß nicht, die Bedeutung, die sie zuweilen erlangt, dauernd zu behaupten. Von dem Geiste ihrer Zeit erzeugt, muß sie nothwendig dem Geiste späterer Zeiten unpassend oder unnütz erscheinen.

4   Wenn die Wahrheit, auf welche die Zeremonie hinweisen soll, durch den Zeitgeist zu Tage gefördert wird, muß diese ganz überflüssig werden. Die Menge behält sie noch eine geraume Zeit bei, für den Vernünftigen geht ihre begeisternde Kraft schon früher verloren.

5   Da bemächtigt sich aber die Scheinheiligkeit der geistlos gewordenen Zeremonie, um sie zu selbstsüchtigen Zwecken auszubeuten.

6   Gerade weil sie den Vernünftigen nicht beseelt, wird sie von der Scheinheiligkeit hoch gehalten. Sie bietet ihr die beste Handhabe, um den Vernünftigen, dem seine Ueberzeugung nicht gestattet, sie weiter zu beobachten, in den Augen der Menge herabzuwürdigen.

7   Schon das Dasein der geistlos gewordenen Zeremonien ist an sich mit vielen Nachtheilen verbunden, und für ein reiferes Menschengeschlecht schädlich.

8   Vielen genügt die Befriedigung der physischen Bedürfnisse nicht, sie suchen höhere geistige Befriedigung, und finden sie gedankenlos in den religiösen Zeremonien, sie glauben gern und vermeinen, durch deren Beobachtung schon gottgefällig zu werden! Sie erachten es bisweilen gar nicht mehr nothwendig, ihrem Nebenmenschen gefällig zu sein. Tugend, wahre Moralität und wissenschaftlichen Fortschritt glauben sie schon ganz entbehren zu können.

9   Die Zeremonie, so denkt die Menge, sei nicht natürlich, also übernatürlich, die Tugend, die Wissenschaft hingegen sei

nur menschlich und ganz natürlich, der Ersteren gebühre also der Vorzug.

10 Und wenn auch große Männer von Zeit zu Zeit mahnen: „Die Zeremonie ist nur Mittel, sie ist nicht Zweck, laßt ab von den todten Formen, haltet Euch an den Geist, der sie beseelt", — sie finden bei der Menge kein geneigtes Ohr. Denn diese läßt nicht eher von ihrem Götzen, bis nicht der Zeitgeist an der Thüre pocht und mit seinem strahlenden Licht die Finsterniß verscheucht.

11 Die Vernunftreligion ist durch Zeremonien nicht entweiht. Ihr Wesen ist Wahrheit und Licht, aller beengenden Formen entkleidet, ihre Bekenner müssen sich an ihrem Wesen halten, sie dürfen ihre Glückseligkeit nicht in leeren Formen suchen.

13.

1 An Wunder glauben, heißt die Gottheit verkennen. Die Allmacht, die höchste Vollkommenheit, muß unabänderlich sein.

2 Die ewigen Naturgesetze sind ewige Wunder, die auf die Gottheit hinweisen. Ein Abweichen von denselben müßte unser Bewußtsein von dem Dasein Gottes erschüttern.

3 Die unreife Menge findet nur außergewöhnliche Wunder bewundernswerth, die ewige Naturordnung scheint sie zu begreifen, sie findet sie natürlich! Man mußte ihr von Wundern erzählen, um sie der Wahrheit zugänglich zu machen!

4 Können Wunder dem reifen Manne etwas beweisen? Nein. Was wir nicht begreifen, daraus können wir keine Schlüsse ziehen. Oder könnten Wunder etwa den Glauben befestigen? Im Gegentheile. Wo es mit Wundern zugeht, muß jeder Glaube schwinden. Der Vernünftige findet in der Beständigkeit der Naturgesetze das einzige Wunder, welches geeignet ist, ihn in seiner religiösen Ueberzeugung zu bestärken.

5 Manche Wunder lösten sich später in gewöhnliche Naturgesetze auf. Sonnen= und Mondfinsternisse, Kometen und dergleichen erschienen der Menge als Wunder. Sie wurden gar oft als Fingerzeig Gottes hingestellt, um die Menschen zu irgend einer That oder Unterlassung zu bestimmen. Später, als diese voraus berechnet wurden, verloren sie ihre wunderliche Geltung

6 Der Teufel besaß eine gar gewaltige Macht. Männer, deren Lehren der gesammten Menschheit zur Richtschnur dienen sollten — gaben sich viel mit ihm ab und sie mußten ihre ganze Kraft aufbieten, um ihn zu besiegen! Andere, die ihn selbst nicht beikommen konnten, mußten sich damit begnügen die alten Weiber zu verbrennen, die mit ihm im Bunde waren! Die Vernunft erkannte ihn als ein leeres Phantasiegebilde und seine Macht ist gänzlich geschwunden.

7 Die Erscheinungen des Wetters und alles in der Natur, das wir noch nicht begreifen, unterliegt gleichfalls einer ewigen Ordnung.

8 Bestehende Gesetze müssen von Jedermann, zu jeder Zeit pünktlich gehalten werden und nun sollte der oberste Gesetzgeber seinen eigenen Gesetzen zuwiderhandeln? Der Vernunftreligiöse kann solchem Gedanken nicht Raum geben.

14.

1 Priester, die den Beruf haben irgend eine positive Lehre zu vertreten und in ihrem Namen zwischen Gott und Menschen zu vermitteln, sind sich stets, bei aller Verschiedenheit der Formen, die sie besonders kennzeichneten und ungeachtet des unversöhnlichsten Standpunktes, den sie gegen einander einnahmen, in ihren Wirkungen für die Menschheit einander ganz gleich geblieben.

2 Ihr ursprüngliches Entstehen bedeutete immer den Fortschritt und war für die Entwicklung des menschlichen Geistes von großem Nutzen.

3 Beim Aufblühen jeder neuen Lehre, die auf der Höhe der Zeit steht, treten stets auch Männer auf, die ihre Idee mit Muth und Eifer erfassen, und die Verbreitung derselben zu ihrer Lebensaufgabe machen. Sie werden ihre Priester. Sie unterziehen sich der schwierigen, oft gefahrvollen Aufgabe, veraltete, vom Zeitgeiste überholte Lehren und Gebräuche zu bekämpfen und den menschlichen Geist für die neue Lehre empfänglich zu machen. Der Priesterstand zählt in solchen Zeiten zu den ausgezeichnetsten, opferwilligsten und edelsten Menschen.

4 Gelingt es ihnen, ihrer Lehre zum Duchbruche zu verhelfen und sie zur herrschenden zu machen, ist zwar ihre Mission zu Ende, ihr Stand bietet keine Gefahren mehr, er wird vielmehr zum angenehmen Erwerbe, die Menschheit aber ist noch immer gewohnt, in ihnen die Förderer ihres Heils zu erblicken; sie vergönnt ihnen gerne die Früchte ihrer langen, oft nach Jahrhunderten zählenden Mühen in Ruhe und Seligkeit zu genießen, und die Priester ihrerseits können immer noch ihre Thätigkeit zum Wohle der Menschheit entfalten.

5 Ihr ersprießliches Wirken kann aber nur so lange dauern, bis nicht wieder ihre Lehren vom Zeitgeist überholt werden. Mit dem Momente, wo dieser unausbleibliche Fall eintritt, werden sie der Menschheit zur drohenden Gefahr.

6 Sie müssen vermöge ihres Berufes die eifrigsten Verfechter des Bestehenden sein. In jeder Geistesregung, in jedem Fortschritte sehen sie ihre Existenz bedroht. Der Zeitgeist schreitet unaufhaltsam vorwärts, die Priester aber suchen den aufstrebenden Geist zu unterdrücken und wird endlich der Priester selbst vom Zeitgeiste erfaßt, so muß er ein Heuchler werden. Dann aber tritt seine Schädlichkeit in erschreckender Weise hervor.

7 Die Heuchelei besteht nur im ewigen Kampfe mit der Wahrheit. In der Herabwürdigung ihrer gefährlichsten Gegner, der Wissenschaft und der Wahrheit, suchte und begründete sie stets ihren Bestand.

8 Um diesen Kampf mit Erfolg fortzusetzen, suchte sie den Vernünftigen im Namen der Religion, im Namen Gottes zu verfolgen. Und es konnte dies geschehen, weil oft den Vernünftigen die Lehren der bestehenden Religion nicht mehr beseelten.

9 Bald waren es ihre veralteten Formen, die ihm nicht entsprachen, bald ihr Wesen selbst, das vom Zeitgeiste überholt zu werden pflegte. Welche Handhabe, um ihn in den Augen der gedankenlosen Menge herabzuwürdigen!

10 Der sündhafte Lästerer, der sich für gar keine religiöse Ueberzeugung begeistert, wird von der Heuchelei in eine Reihe mit dem Vernünftigdenkenden gestellt. Beide, heuchelt sie der Menge vor, seien gottlos, Beide gleich verdammenswerth.

11 Und wären es auch nur die todten Formen, welche der Vernünftige verwirft, die Heuchelei klammert sich gerade diesen Formen an, ist es ihr doch nur um die Vernichtung ihres Gegners zu thun.

12 Einen ununterbrochenen Kampf führt auf diesem Felde die Menschheit. Die Heuchelei wollte das Feld nicht räumen, die Wahrheit konnte es nicht thun und Ströme unschuldigen Blutes flossen in diesem Kampfe. Jeder Zollbreit, den die Wahrheit eroberte, mußte mit dem edelsten Herzblute der Menschheit erkauft werden.

13 Durch scheinbare Erfolge ermuthigt, versank die Heuchelei in ihrer abschüssigen Bahn immer tiefer, bis sie endlich vor keinem Mittel zurückschreckte, das sie zur Herrschaft führen konnte. Die Gesammtzahl der Verbrechen, die in den gemeinen Trieben der Menschen zu suchen sind, erscheint verschwindend klein gegenüber der erschreckenden Zahl derjenigen, die im Namen Gottes verübt wurden. Der Zweck, wollte man glauben machen, heiligt selbst die verwerflichsten Mittel.

14 Die Urheber so gewaltiger Verbrechen waren Leute, die sich Priester nannten. All' die Religionskriege, die mit thierischer Grausamkeit geführt, Millionen Menschen das Leben

raubten und namenloses Unheil brachten — Priester waren es, die sie angefacht.

15 Und wenn auch ihre Triebfeder nicht immer die Heuchelei und das Laster, sondern zuweilen nur das Vorurtheil und die Unwissenheit war, das Unheil, welches sie anrichteten, war im letzteren Falle nicht minder groß, vielleicht noch größer.

16 Die Vernunftreligion kann nie in priesterliche Heuchelei ausarten. Wo Religion und Vernunft sich nicht vertragen, wo der Zeitgeist höher steht als die bestehende Religion, wo die wahrhaft Religiösen nicht vernünftig und die Vernünftigen nicht religiös sein können, hat die Heuchelei freien Spielraum. Im Reiche der Vernunftreligion kann sie nicht gedeihen.

15.

1 Der Glaube bekundet den Mangel eigener Urtheilskraft. Der Zweifel ist der Anfang jedes Wissens und jeder Ueberzeugung. Er ist für den Vernünftigen der einzige Weg zu wahrer Religiosität.

2 Wer stets nur glaubt und nie zweifelt, wird nie etwas wissen. Den Glauben gebieten, den Zweifel verbieten, heißt der Vernunft das Denken verbieten.

3 Der Kampf des Glaubens gegen den Zweifel ist nicht ein Kampf der Meinungen, sondern ein Kampf der Heuchelei gegen die Wahrheit, der Unwissenheit gegen das Wissen.

4 Noch nie hat ein denkender Mensch, was er nicht klar wußte, geglaubt, ohne daran Zweifel zu hegen. Nur der Unwissende, dem das Denken fremd ist, findet sich jederzeit zu glauben geneigt, der wahrheitsliebende und denkende Mann kann aber den in seinem Innern aufsteigenden Zweifel nicht unterdrücken. Er vermag es nicht, einen Glauben vorzuheucheln, bis er nicht früher dem Zweifel Raum gibt, der allein im Stande ist, ihn zur Wahrheit zu führen.

5   Der Zweifel läßt sich zeitweise unterdrücken, aber er bleibt nicht aus, und wehe, wenn er zur ungelegenen Zeit erwacht, wehe, wenn ihn zu besiegen bereits die Kraft gebricht.

6   Im Reiche der Vernunftreligion darf blindem Glauben nicht Raum gegeben, der Zweifel muß geradezu gefördert werden.

7   Der Zweifel ist das wankende Schiff, das den Denker vom dunkeln Ufer der Unwissenheit zu den lichtvollen Gestaden des Wissens führt.

8   Gefahrvoll ist es allerdings, den Nachen zu besteigen. Stürmische Wogen drohen ihn zu verschlingen; bald schleudern sie den Fährmann in schwindelnde Höhe, bald stürzen sie ihn rettungslos in den wüsten Abgrund hinab.

9   Nie wird der Ruhe theilhaftig, wer jenes Gefährte zum bleibenden Aufenthalte wählt. Wer das Steuerruder nicht zu handhaben versteht, den läßt es in den Tiefen des Meeres zu Grunde gehen.

10 Wer es aber nicht besteigt, kann nie in das Reich des Lichts und des Wissens gelangen. Der Vernunftreligiöse begründet sein Heil in dem dunkeln Reiche des Glaubens nicht, er zweifelt, er forscht, bis er zum Ziele kommt, bis er glücklich in dem Reiche des Wissens anlangt. Hier erst genießt er immerwährende Zufriedenheit, wahre Glückseligkeit.

16.

1   Die Wissenschaft ist eine Stufenleiter, deren unterste Stufe in das irdische Reich fällt und deren höchste bis in das Reich der Gottheit hinaufragt. Schon in dem rastlosen Streben, immer höher zu steigen, liegt die reinste Befriedigung menschlichen Geistesdranges, und die großartigen Erfolge, die bereits errungen, beweisen, daß dieses Streben kein leerer Wahn ist.

2   Jeder einzelne Buchstabe, der im Buche der Natur entziffert wird, ist ein Triumph für die Menschheit. Jede neue Entdeckung, jede neue Erfindung legt Zeugniß ab von der göttlichen Kraft des menschlichen Geistes.

3   Die Werke der Tugend beschränken sich auf gewisse Kreise, auf bestimmte Zeiten, sie haben ihre eng gezogenen Grenzen. Die Erweiterung der Wissenschaft ist für alle Menschen und für alle Zeiten, ihre Wirkungen sind unendlich.

4   Ein großer Theil des materiellen Wohlstandes, dessen sich die zivilisirten Völker erfreuen, ist nur die Folge der fortgeschrittenen Kunst und Wissenschaft. Der Nutzen der kleinsten Erfindung auf industriellem Gebiete beträgt, nach Ziffern berechnet, unzählige Millionen, weil diese für die gesammte Menschheit und für ewige Zeiten ihren Vortheil bietet.

5   Und doch gibt es Solche, die sich gegen die Wissenschaft verschworen und ihr ewigen Krieg erklärt haben. Sie erklären sie als Teufelswerk und verfolgen sie mit Feuer und Schwert, und wo das nicht angeht, mit Fluch und Bannstrahl.

6   Wurde die Wissenschaft etwa bekämpft, wo sie sich verirrt, das Dasein Gottes, die Grundpfeiler der Moralität in Zweifel zog? Glaubte man sie verfolgen zu müssen, weil sie etwa die Herzen der Religion entfremdet? Nein.

7   Was hat es mit der Religion zu schaffen, ob die Welt einen Anfang hat oder nicht? Sehen wir denn nicht jeden Augenblick die Allmacht ihr Schöpfungswerk erneuern? Ob der erste Zustand des Menschen ein paradiesischer oder ein thierischer war, gibt es denn nicht noch heutzutage Menschen, die vom Thiere nicht weit abstehen? Ob die Erde still steht, oder sich um ihre Axe dreht und um die Sonne bewegt? Da hat man unnützerweise der Erde im Namen Gottes Stillstand befohlen, „und sie bewegt sich doch!"

8   Aber Männer, die mit Gott in näherer Beziehung zu stehen vermeinten, konnten es nicht zugeben, daß die Wissenschaft, die Jedem zugänglich, überhaupt etwas leiste. Und so

oft diese neue Wahrheiten entdeckte, fanden sie etwas Geschriebenes vor, welches sie so deuteten, daß es die Wahrheit in den Augen der Menge verdächtige. Die Wissenschaft verbreitet Licht, und Lichtscheue waren es immer, die sie gerne beseitigen möchten.

9 Die Wissenschaft hat sich zwar Bahn gebrochen, sie hat trotz ihrer gewaltigen Feinde Vieles geleistet, und unermeßlich sind die Schätze, die die zivilisirte Welt bereits aufgehäuft.

10 Die wahnsinnige Vermessenheit, die Wissenschaft und den Fortschritt zu unterdrücken und die Vervollkommnung der Menschen auf ein anderes Gebiet zu verlegen, ist längst gerichtet

11 Noch aber lauert der Feind, über sie herzufallen, noch stehen Religion und Wissenschaft als Gegensätze da, noch drohen der Menschheit unheilvolle Rückschritte, noch gibt es Männer der Wissenschaft, die die Wahrheit verschweigen müssen, um nicht — gegen die Religion zu verstoßen! noch wird der Jugend Manches vorgetragen, das mehr zu ihrer Verdummung als zu ihrer Ausbildung beiträgt, noch sucht das Volk seine Wißbegierde in Büchern zu befriedigen, die den Geist trüben und die eigene Urtheilskraft nur schwächen.

12 Der Vernunftreligion bleibt es vorbehalten, diese Mißstände zu beseitigen, alle die Hindernisse hinwegzuräumen, die der Entwicklung der Wissenschaft hemmend entgegen treten, und einen Rückschritt für immer unmöglich zu machen.

13 Die Trennung der Wissenschaft von der Religion ist das Losungswort der Vernunftreligion. Frei soll der Forscher auf seinem Gebiete sich bewegen, unbeschadet seiner strengen Religiosität.

14 Wissenschaft und Religion müssen fortan von einander unabhängig in segensreichem Frieden sich einander unterstützen. Die Wissenschaft bedarf zu ihrem Gedeihen zweckmäßiger Erziehung der Jugend, rücksichtsloser Anerkennung der Wahrheit und vorurtheilsloser Geister; die Vernunftreligion allein kann ihr dies zuführen.

15 Unter ihrem Schutze wird die Entwicklung der Wissenschaft ein Maß annehmen, von dem der kühnste Forscher heute kaum eine Ahnung hat.

17.

1 Der Fortschritt ist der Zweck der Schöpfung, die Frucht, die die Zeit fortwährend heranreift, das Ergebniß eines nie rastenden Willens.

2 Alles schreitet fort, Alles entwickelt sich vermöge bestimmter ewig waltender Naturgesetze; der mit Vernunft begabte Mensch hingegen ist von der Vorsehung bestimmt, seine Entwicklung mittelst der eigenen Vernunft zu erstreben und zu erreichen.

3 Der Vernunftreligiöse erachtet es daher als Pflicht, für den Fortschritt in jeder Richtung einzustehen, er fühlt in sich einen göttlichen Drang, der ihn immer vorwärts treibt.

4 Jeder Fortschritt, sei es in der gesellschaftlichen Einrichtung, in der Wissenschaft oder in der Kunst, erscheint ihm erhebend für Herz und Geist und steigert sein Selbstbewußtsein. Stillstand bedeutet für ihn verfehltes Leben, nur im Fortschritt erblickt er die Erfüllung seines Lebenszweckes.

5 Warum stieß aber der Fortschritt zu jeder Zeit auf unerbittliche Gegner? Woher kommt es, daß er Schritt für Schritt sich erobern und zeitweise sogar zurückweichen mußte?

6 Männer, die da glaubten, daß die Lehren, zu denen sie sich bekennen, unmittelbar von Gott herrühren, konnten dem Fortschritte nicht huldigen und je aufrichtiger sie es mit diesen Lehren meinten, desto verhaßter mußte ihnen jeder Fortschritt sein.

7 Mußten nicht die unmittelbar von Gott herrührenden Lehren die vollkommensten sein? Wäre da eine weitere Vervollkommnung denkbar? Müsse nicht alles Neuere und Zeitge-

mäße schon deshalb verwerflich oder doch entbehrlich sein, weil es nicht in diesen Lehren schon enthalten ist?

8   Dieser Ideengang war es, der stets dem Fortschritte einen Damm entgegensetzte und bei der Menge, der alles Herkömmliche heilig, stets Anklang fand. Ihm Vernunftgründe entgegen zu setzen, war immer vergebliches Bemühen. Selbst der Spott, dessen sich hellbenkende Köpfe zuweilen gegen denselben bedienten, hatte nur theilweisen Erfolg. Die Macht eingewurzelter Vorurtheile überstand in der Regel alle Angriffe des Geistes und des Witzes und hemmte den Fortschritt.

9   All' die störenden Elemente der menschlichen Gesellschaft, die zwar mit dem Glauben nichts gemein haben, die aber dem Fortschritte entgegenstanden, der Eigennutz, die Herrschsucht, der Neid der Mittelmäßigkeit gegen das wahrhaft Große bedienten sich immer des Glaubens, um den Fortschritt zu bekämpfen.

10   Der Fortschritt wurde zeitweise gewaltsam unterdrückt, aber das Rad der Zeit rollte fort, das Feuer glomm unter der Asche und furchtbar waren mitunter die Folgen, die daraus entstanden.

11   Die widernatürlich verhaltenen göttlichen Funken brachen in verzehrende Flamme aus und vernichteten die Verblendeten, die sich anmaßten sie zu zerstören. Die Menschheit empörte sich gegen ihre gottlosen Bedränger.

12   Was geschah aber, nachdem den Finsterlingen ihre Macht entrissen wurde? Entwickelte sich dann schon der Fortschritt in vernünftigen Bahnen zur Wohlfahrt der Menschheit? Mit nichten! Die durch Staatsumwälzungen entfesselte Volkskraft brach in wilde Leidenschaften aus, die von einem Extrem zum andern jagten.

13   Unter dem Titel des Fortschritts kamen in solchen Zeiten Grundsätze an's Tageslicht, über die jeder Besonnene erröthen muß. Das Eigenthum wurde als Diebstahl erklärt, die Gottheit abgeschafft, die Seele aus dem Leibe gerissen und das Grab als das letzte Ziel des Menschen bezeichnet.

14 Und nach vielen Opfern an Gut und Blut, gerieth die arme Menschheit gar oft auf verschiedene Irrwege, in ihrer Ueberstürzung die wahren Männer des Fortschritts verkennend, bis sich falsche Retter ihrer bemächtigten und sie zurückführten in den früheren Jammer. Die Formen wurden bisweilen gewechselt, manches Zugeständniß dem Zeitgeiste gemacht, im Großen und Ganzen aber blieb alles beim Alten!

15 Dieser Kreislauf der geschichtlichen Begebenheiten, der so viel Jammer über die Menschheit brachte und die Besserdenkenden zur Verzweiflung trieb, wiederholte sich oft und wird so lange sich wiederholen, bis nicht das, was sich Religion nennt, durch die Religion bekämpft wird, bis nicht das Uebel an der Wurzel gefaßt, die Finsterniß verscheucht und die Vernunftreligion in ihr Herrscherrecht eintritt.

16 Unter ihrer Herrschaft wird es nie zu solchen Ausschreitungen kommen. Im Namen des Glaubens konnte man gegen den Fortschritt ankämpfen, im Namen der Vernunft kann das nicht geschehen.

17 In ihrem Reiche wird der Strom des Zeitgeistes in seinem Laufe nicht gehemmt werden, noch mit verheerender Macht aus den Ufern treten. Er wird in majestätischer Pracht dahinfließen zum Wohle und Nutzen der Menschheit.

18.

1 Ueber die Urabstammung des Menschen gibt uns die Vernunft keinen Aufschluß, sie steht wie jede Unendlichkeit überhaupt außerhalb unserer Begriffe.

2 Nur die flüchtige Gegenwart gehört dem Menschen, die Ewigkeit der Vergangenheit, wie die der Zukunft, ist für ihn in undurchdringliches Dunkel gehüllt. Plötzlich wird es ihm klar, daß er als denkendes Wesen dastehe, aber ohne zu wissen, woher er komme und wohin seine Bestimmung.

3   Daß er es wünscht zu wissen, ist begreiflich und er verschaffte sich das, was der Vernunft unerreichbar in seiner Phantasie.

4   Der Gedanke lag nahe, daß alle Menschen von einem Menschenpaare abstammen. Und das erste Menschenpaar? Das habe Gott, wie der Töpfer den Topf, aus Lehm geformt. Um aber aus dem Gebilde ein lebendes Wesen zu machen, habe der Schöpfer eine Seele hineingeblasen und da es offenbar nicht gut wäre, daß der Mensch allein sei, habe er ihm ein Weib an die Seite gegeben, und Mann und Weib standen fertig da, wie wir sie heute sehen!

5   Später wollte man sich mit einem Menschenpaare nicht begnügen und man ließ die Menschheit von mehreren Menschenpaaren abstammen. Die Verschiedenheit der Racen, die Trennung der verschiedenen Theile der Erde durch Berg und Meer, gaben dazu die Veranlassung.

6   Mit mehr Kühnheit, indeß nicht mit größerer Sicherheit als ihre Vorgänger, drangen jedoch manche geistvolle Forscher in dieses Geheimniß ein. Sie behaupten, der Mensch hätte sich zu seiner jetzigen Gestalt erst nach und nach herausgebildet.

7   Diese Lehre läuft auch wohl auf die uralte Vorstellung hinaus, daß der Mensch der Erde entstamme, sie läßt ihn nur nicht direct aus dieser hervorgehen, sondern nach einer Reihe langer Entwicklungsperioden und vorausgegangener vermittelnder Organismen. Hierüber eine Entscheidung zu treffen, gehört nicht in das Gebiet der Vernunftreligion.

8   Irrig ist aber diese Lehre, sofern sie das Geheimniß der Schöpfung entdeckt haben will, ohne einen intellectuellen Schöpfer anzuerkennen, irrig, wenn sie in Folge dieser Entdeckung den Menschen seiner Seele berauben will.

9   Die Wissenschaft kann in die Geheimnisse der Schöpfung nicht eindringen, ohne deren allweisen Urheber dabei zu erblicken, sie ist es nicht, die dem Menschen das Bewußtsein seiner höheren Bestimmung raubt.

10 Ob der allwaltende Geist die lebenden Wesen nach ihrer Gattung schuf, oder nur die erste Zelle bildete, oder auch nur die ersten Atome in's Leben rief, die sich dann vermöge göttlicher Gesetze weiter entwickelten, ist für den Vernunftreligiösen gleich. Immerhin ist es die Allmacht, die ihre Gesetze walten läßt, die den Menschen ins Leben rief, um ihn einem ewigen Heile entgegen zu führen.

19.

1 Das Leben ist der unerforschliche göttliche Funke, der seit uralten Zeiten in unzähligen Formen das Weltall belebt und durch Fortpflanzung sich erneuert.

2 Bei seinem Entstehen und Aufblühen, von einer unsichtbaren Hand geschützt und gepflegt, wird es plötzlich von dieser wieder verlassen und dem Siechthume, der Vernichtung preisgegeben. Während ihm Selbsterhaltung als oberstes Gesetz gilt, muß es ihm ganz fremden Zwecken dienlich sein.

3 Es ist getheilt zwischen Genuß und Leiden, aber der Genuß ist selten ungetrübt, kurz und vergänglich, das Leiden findet oft erst im Tode den Erlöser.

4 Die Geschichte des Lebens ist eine Geschichte des Kämpfens und Leidens. Schon das pflanzliche und thierische Leben ist mannigfachen Leiden unterworfen, aber je höher die Lebensform, desto stärker sind seine Leiden.

5 Die vollendetste Lebensform, die wir kennen, ist das Leben des Menschen, und seine Leiden sind auch die stärksten. Das Selbstbewußtsein, welches ihn besonders auszeichnet, scheint ihm nur dazu zu dienen, damit er seine Schwäche kennen lerne.

6 Die Erde, ein winziges Sandkorn im unermeßlichen Weltraum ist ihm zum Wohnsitze angewiesen und kettet ihn mit unwiderstehlicher Gewalt an sich —; von der Ewigkeit der

Zeit ist nur ein flüchtiger Moment für seine Lebensdauer bestimmt, und so nur die Stunde schlägt, wird er von unsichtbarer Hand, mit unerbittlicher Strenge dem Schauplatze seiner Thätigkeit entrissen.

7 Und die besonderen Leiden und Qualen, von welchen das menschliche Leben heimgesucht wird, Mangel aller Art, Mißgeschick, Elend, verzehrende Leidenschaft, gekränkte Ehre, der Anblick empörenden Lasters, Krankheiten, Verkrüppelung, physische Schmerzen und der nimmer rastende Tod, der fortwährend in unserer Umgebung die furchtbarsten Wunden schlägt, wer kennt diese Leiden nicht!

8 Sollte ein solches Leben von der Vorsehung als der höchste Zweck der Schöpfung ausersehen sein? Sollten all' diese Leiden keinen anderen Zweck haben, als die wenigen Freudentropfen des Lebens zu vergällen?

9 Manche verleitet es zu dem Glauben, daß der Mensch nur zum Leiden geschaffen sei. Sie trachten daher die Mühsale des Lebens noch zu vermehren, in dem Wahne, daß sie Gott im Jenseits reichlich belohnen werde, sogar für die Leiden, die sie selbst sich zufügen.

10 Wieder Andere suchen ihr Heil in trügerischen Genüssen, sie glauben im Rausche des Lebens dessen Vergänglichkeit vergessen zu können. Sie müssen ihren Irrthum schwer büßen, sobald die Tage des Kummers herannahen, wo sie plötzlich einsehen, daß sie den Heimweg antreten müssen und nichts mit sich führen, als den Rückblick auf ein wüstes Leben.

11 Der Vernunftreligiöse erblickt in dem Jammerthale menschlichen Leidens zugleich die Pflanzstätte für Tugend und Wissenschaft. Den Trübsalen des Lebens stellt er sein höheres Selbstbewußtsein, der Hinfälligkeit des menschlichen Körpers die Erhabenheit seiner Seele entgegen.

12 Das trügerische Wohlbehagen in der Befriedigung der viehischen Lebensgenüsse täuscht ihn nicht, er kennt seine Vergänglichkeit und doch freut er sich des Lebens, er ist zufrieden und fröhlichen Muthes. Die Tugend und die Wis-

senschaft sind die zwei großen Lichter, die ihm das Leben beleuchten, für seine Mühsale reichlichen Ersatz bieten, seine Freuden genießbar und seine Leiden erträglich machen.

20.

1 Der Tod bildet den geheimnißvollen Abschluß des Lebens. Was das Leben schafft, was die Natur durch tausendfache Kunst erzeugt, alles rafft er wieder weg, unbarmherzig, unerbittlich.

2 Woher kommt diese grausame, rücksichtslose Nothwendigkeit? Diese furchtbare Zerstörung, die kein lebendes Wesen verschont? Diese zersetzende Kraft, die die kunstvollsten Organismen in ihre einzelne Theile wieder auflöst?

3 Manchen verleitete es zu dem Glauben an eine böse Gottheit, einen würgenden Engel, der nur Lust findet am Zerstören. Manche wollten sogar dem Menschen selbst die Schuld aufbürden, er hätte durch eigenes Versünden den Tod über sich heraufbeschworen. Wieder Andere verfielen in ein zweites Extrem, sie behaupteten: eine Welt mit Schmerz und Tod könne nicht das Werk eines weisen Urhebers, es müsse Alles nur die Folge einer blinden Nothwendigkeit sein!

4 Dem Vernünftigen erscheint der Tod in einer milderen Gestalt. Die Allmacht verfolgt den Zweck, eine unendliche Anzahl Geschöpfe ins Leben zu rufen, um sie zu vervollkommnen zu veredeln. Das ganze unermeßliche Weltall wimmelt von Leben, das unausgesetzt durch Fortpflanzung sich erneuert. Leben und Tod kreisen in beständigem Wechsel. Aus den aufgelösten Theilen des todten Organismus blüht neues Leben empor.

5 Wäre der Tod nicht, wäre auch die Fortpflanzung nicht denkbar, denn der unermeßliche Stoff des Weltalls würde sich gar bald in lebendigen Wesen verzehren, und der Weltenraum würde zu klein sein, um all' die Geschöpfe zu fassen.

6 Mit allen unseren Vorfahren hätten wir keinen Raum mehr da zu leben, unser Leben verdanken wir somit — dem Tode. Die Allmacht aber, die für uns Platz machte, sorgt auch für alle zukünftigen Geschlechter, bei denen sie noch ihre Zwecke zu erfüllen hat.

7 Die Lebensdauer, die sie jedem Einzelnen zugewiesen, entspricht gewiß der höchsten Weisheit und der göttlichen Gerechtigkeit, die wir zu ergründen nicht im Stande sind.

8 Allerdings erscheint auch dem Vernünftigen der Tod noch unheimlich genug. Bei seinem Herannahen beschleicht auch den Muthigsten eine gewisse Bangigkeit. Wir gehen einer Zukunft, einem andern Leben entgegen, das uns völlig unbekannt ist. Aber der Vernünftige beugt sich vor dem Willem der Allmacht, er schreckt vor dem Tode nicht zurück.

9 Er weiß, die Allmacht hat ihm das Leben verliehen und er thut im Leben seine Pflicht, sie führt ihn auch dem Tode entgegen und er vertraut dieser Führerin mit voller Zuversicht.

10 Er weiß, daß der Tod nicht zum Zerstören geschaffen, daß er nicht seiner selbst willen da sei. Denn der Endzweck der Schöpfung ist die Zerstörung nicht; der Tod dient ebenso wie das Leben den höheren Zwecken der Allmacht.

11 Der Vernunftreligiöse ist jederzeit des Todes gewärtig, er wünscht ihn nicht herbei, aber er schaut ihm getrost mit standhafter Ergebung in's Auge.

21.

1 Die Vergeltung des Guten und des Bösen hielten die Menschen stets der göttlichen Gerechtigkeit entsprechend.

2 Der Glaube, daß der Tugendhafte von irdischen Reichthümern belohnt, der Böse hingegen von Noth und Elend geplagt werde, erwies sich jedoch als falsch. Denn es zeigte sich alsbald, daß dies in der Wirklichkeit nicht immer der

Fall sei. Man sah gar oft die Tugend sich der Armuth und dem Unglücke gesellen, während das Laster in Reichthum und Pracht schwelgte.

3   Als man später ein besseres Jenseits nur zu ahnen begann, entschloß man sich gleich, die Belohnung der Tugend und die Bestrafung des Lasters dorthin zu verlegen.

4   Das irdische Leben, lehrte man, sei der Werktag, im Jenseits komme der Zahltag. Ein reizendes Paradies, mit allen Freuden ausgestattet, werde dem Tugendhaften im Jenseits zum Wohnsitz angewiesen, den Lasterhaften hingegen erwarte die Hölle mit allen nur erdenklichen Qualen.

5   Allein auch diese Lehre konnte sich für die Dauer n ch behaupten. Weckt schon jede Lehre die einen Glauben fordert, in der Brust des Denkers den Zweifel, so mußten gar die Lehren von Paradies und Hölle, vom Wiederaufleben des zerstörten Organismus und dergleichen vernunftwidrigen Lehrsätzen mit der Zeit ihre Wirkung verlieren.

6   Ja es mußte die Zeit kommen, wo sie gerade das Gegentheil von dem erwirkten, was in ihrem Zwecke lag. Der sich weiser Dünkende, bei dem der Glaube an Paradies und Hölle geschwunden war, trug kein Bedenken mehr, sich dem Laster zu ergeben und alles Bessere zu verspotten.

7   Was aber der Glaube nicht vermag, das lehrt uns die Vernunft. Der Vernunftreligiöse braucht die Vergeltung nicht zu suchen, er findet sie stets in seinem höheren, sittlichen Selbstbewußtsein. Er ist überzeugt, daß Lohn und Strafe der Tugend und dem Laster auf dem Fuße folgen.

8   Woran erkennen wir, daß eine Handlung eine tugendhafte sei? Welches sind die Merkmale des Lasters? Die That, deren Ausübung der Vernünftige durch ein erhebendes Bewußtsein der Pflichterfüllung belohnt findet, bezeichnen wir als eine Tugend, diejenige hingegen, bei der uns die Seelenruhe schwindet, nach der Gewissensbisse folgen, erkennen wir als Laster.

9 Lohn und Strafe sind also von Tugend und Laster un=
zertrennlich. Wir würden den Begriff des Guten und des
Bösen nicht kennen, wüßten wir nicht im Voraus, daß das
Eine belohnt und das Andere bestraft wird.

10 Die innere Zufriedenheit der Pflichterfüllung ist dem
Vernünftigen die reichlichste Belohnung, sie wurzelt in seiner
unsterblichen Seele. Selbst der Tod kann ihm diese nicht
rauben. Er ist überzeugt, daß sie im Jenseits noch weit er=
habener sein muß, weil sie von irdischem Mühsale nicht mehr
getrübt wird.

11 Ein geplagtes Gewissen dagegen, das ihm die Seelen=
ruhe raubt, seine Glückseligkeit zerstört, erscheint dem Ver=
nunftreligiösen als die höchste Strafe, die ihn treffen könnte.
Sie begleitet ihn bis über das Grab hinaus und sie muß
schrecklich sein dort, wo die Besserung unmöglich, die Reue
nutzlos und der Kummer nie endet.

12 Der Vernunftreligiöse bleibt in seiner Ueberzeugung un=
erschütterlich, ihm kann sein Glaube nicht schwinden und er
artet nie in Sittenlosigkeit aus. Er beansprucht keinen anderen
Lohn, er fürchtet keine andere Strafe, als die, die nach
seiner inneren Ueberzeugung ihm zu Theil werden muß.

13 Der Lohn und die Strafe, die er selbst einsieht, genügt
ihm vollkommen, um ihn zum Guten anzuspornen und vom
Bösen abzuhalten, und in dieser Ueberzeugung wird fortan
die Menschheit das Gute fördern und das Schlechte meiden.

22.

1 Der Krieg ist das größte Uebel, das die Menschen in
ihrer Verblendung selber sich zufügen. In seinen verderb=
lichen Folgen richtet er stets Sieger und Besiegte zu Grunde.

2 Der Mensch, das Ebenbild Gottes, wird durch ihn zum
Thiere erniedrigt. List und Raub, Mord, Brand und Plün=
derung lösen einander in schauerlicher Weise ab. Der zum

Schaffen bestimmte menschliche Geist wird von blinder Zerstörungswuth beherrscht, der an seinem Nebenmenschen begangene Mord wird als Vernichtung des Feindes gepriesen. Kein besseres Gefühl darf sich im Menschen regen, es wird als Verrath bestraft.

3   Wie kommt es, daß die Menschheit, von Gott der Tugend und der Weisheit geweiht, einer solchen Erniedrigung, eines solchen Verbrechens fähig ist?

4   In früheren Zeiten gab meistens religiöser Fanatismus die Veranlassung zum Kriege. Unduldsamkeit hieß die Fackel, welche das Feuer der Zwietracht schürte. Die Religion war es, die den Krieg brachte, und um glückselig zu werden, vernichtete man einander.

5   Furchtbar waren die Verheerungen, die diese Kriege anrichteten. Die Erbitterung kannte keine Grenzen, alle menschlichen Rücksichten traten in den Hintergrund, die völlige Vernichtung des Feindes sollte ja zur Ehre Gottes beitragen, und dem Sieger winkte ja als Lohn für sein Morden ewige Glückseligkeit!

6   Jahrtausende lang wurden diese Kriege mit abwechselndem Glücke geführt, solange bekämpften die Religionen sich, bis sie selber durch den Zeitgeist überholt wurden, bis die Unduldsamkeit einer anderen Idee Platz machte, der Toleranz.

7   Hat damit der Krieg für ewige Zeiten aufgehört die Geißel der Menschheit zu sein? Mit nichten.

8   Geistes- wie Pendelschwingungen bewegen sich vermöge eines ewigen Gesetzes, von einem Extrem zum anderen. Religiöser Fanatismus und Unduldsamkeit hören auf, Religions- und Gewissenlosigkeit traten an ihre Stelle. Und diese schufen an Stelle der Religionskriege Eroberungs- und Bürgerkriege.

9   Von Zeit zu Zeit tauchen gewissenlose Eroberer auf, bei denen der letzte Funke von Nächstenliebe erloschen ist, die auf Leichenhügeln ihren Ruhm begründen wollen. Um den Schwächeren zu unterdrücken, reißen sie die harmlose Menge

vom friedlichen Herde und lassen sie verbluten auf den Schlachtfeldern für ihren vermeintlichen Ruhm.

10 Und wie enden diese kühnen Eroberer? Sie erobern so lange, bis der falsche Glanz ihrer Glorie plötzlich erblaßt, bis ihre Religions= und Gewissenlosigkeit, zu ihrer ewigen Schmach, den Augen Aller klar wird, bis sie selbst und ihre Gründungen in das Nichts zurückfallen, aus dem sie hervorgegangen.

11 Allerdings ist der Vertheidigungskrieg im Interesse der Selbsterhaltung nicht nur gerechtfertigt, sondern sogar geboten, und selbst der Angriffskrieg, wo ihn das Rechtsgefühl ganzer Nationen mit unwiderstehlicher Gewalt als letztes Mittel fordert, um dem gekränkten Rechte zum Durchbruche zu verhelfen, entschuldbar.

12 Allein, wer hat noch je mit unbefangenem Blicke die Geschichte der Kriege verfolgt und nicht die Ueberzeugung gewonnen, daß das Bewußtsein der physischen Ueberlegenheit allein schon genügte, um zum Kriege zu führen? und daß fast immer der angreifende Theil es war, dem jeder rechtliche Grund zur Kriegführung gemangelt?

13 Man sage nicht, der Krieg sei in der Natur des Menschen begründet und müsse sich zeitweise wiederholen. Der Krieg ganzer Nationen verdankt nur zu oft sein Entstehen der Gottlosigkeit Einzelner, die, von falscher Ehrsucht getrieben, Macht genug besitzen, um die Menschen zu beherrschen, und kein Herz für ihre Leiden haben. Priester und Religionslose waren es stets, die die Kriege angefacht.

14 Müssen aber solche Zustände ewig dauern? Wird die Menschheit immerfort zwischen religiösem Fanatismus und Religionslosigkeit hin und her geschleudert werden? Nein! Die Schwingungen des Pendels dauern nicht ewig, auch jene des Geistes haben ihren Ruhepunkt, wo die Leidenschaften aufhören, er heißt Vernunftreligion.

15 An dem Tage, wo diejenigen, die Liebe im Munde führen, nicht Haß und Verfolgungssucht im Herzen tragen werden, wo diejenigen, die den Aberglauben verwerfen, von

der Vernunftreligion beseelt sein werden, wo es keine Priester und keine Religionslosen mehr geben wird, wird ein Krieg nicht möglich sein.

16 Die Idee der Toleranz, die an die Stelle des religiösen Fanatismus getreten, macht heutzutage die Religionskriege unmöglich, die Vernunftreligion, die an die Stelle der Religionslosigkeit treten wird, wird den Eroberungskriegen ein Ende machen.

23.

1 Der Staat ist der menschlichen Gesellschaft unentbehrlich. Nicht alle Menschen sind gleicher Ansicht, ihre Anschauungen weichen sehr oft von einander ab, ihre Interessen kreuzen sich. Damit aber nicht die rohe Gewalt entscheide, muß der Mehrzahl der Gesellschaftsmitglieder die Entscheidung zuerkannt werden, und die Minderzahl muß sich fügen.

2 Der Wille der Mehrheit muß aber veranschaulicht, in bestimmte Formen gekleidet und zu Jedermanns Einsicht und Darnachachtung klar gelegt werden. Dazu ist eine gesetzgebende Gewalt nöthig. Der Wille muß aber auch vollzogen werden und dazu ist eine Regierung nöthig. In zweifelhaften Fällen muß Recht gesprochen werden und dafür ist die richterliche Gewalt. Die Gesammtheit dieser Gewalten bildet den Staat.

3 Ueber die Grundlage des Staates sind die civilisirten Nationen längst einig. Er muß auf einem Vertrag basirt sein, der die Rechte Aller gewährleistet und die Freiheit des Einzelnen festhält, er muß von Gesetzen beherrscht werden, welche von der Gesammtheit ausgehen, die durch Vertretung repräsentirt wird.

4 Der Beruf der Regierung ist gleichfalls klar vorgezeichnet. Sie hat jeden Einzelnen ohne Unterschied, wie auch ganze Völkerschaften, Gemeinden, Religionsgenossenschaften und Vereine in ihrem Rechte und in ihrer Freiheit zu beschützen, die

Gesammtheit nach Außen zu vertreten und für die staatsbürgerliche Erziehung der Jugend Sorge zu tragen. Was darüber hinaus, ist eine Ueberschreitung ihrer Befugniß.

5 Manche einzelne Fragen der staatlichen Einrichtung bilden jedoch noch immer den Gegenstand lebhaftester Kämpfe und die Parteien stehen sich überall schroff gegenüber.

6 Im Staate muß die Gesammtheit durch einen Vertretungskörper repräsentirt werden. Wie soll aber diese Vertretung beschaffen sein, damit sie den Interessen der Gesammtheit am besten entspreche?

7 Der Staat muß eine Regierung haben, muß Richter einsetzen, wie soll die Verantwortlichkeit der Ersteren, die Unparteilichkeit der Letzteren am besten gewahrt werden?

8 Der Staat muß, um Autorität zu besitzen, die Gewalt in Händen haben. Wie läßt sich ein Mißbrauch dieser Gewalt am besten verhüten? Wie läßt es sich verhindern, daß nicht diese Gewalt, die geschaffen wird, um unser kostbarstes Gut, die Freiheit, zu schützen, nicht dazu angewendet wird, um diese zu schmälern, zu unterdrücken?

9 Der Staat braucht die Mittel zu seiner Erhaltung, er braucht physische Kräfte zu seiner Vertheidigung. Wie soll die Gebahrung mit diesen Schätzen kontrolirt, wie die Leistung der Beiträge zu denselben unter den Staatsbürgern am gerechtesten vertheilt werden?

10 Der Staat muß ein Oberhaupt haben. Soll dieses gewählt werden, oder soll diese Würde, um die Erschütterungen, die solche Wahlen gewöhnlich im Gefolge haben, zu vermeiden, um ihre ersprießliche Dauerhaftigkeit nicht durch schwankende Wahlergebnisse in Frage zu stellen, erblich und für ewige Zeiten in einer Familie erhalten bleiben?

11 Soll der Staat diesen oder jenen Namen führen?

12 Die ausgezeichnetsten Männer aller Völker beschäftigen sich mit diesen Fragen, ohne ihre Lösung herbeiführen zu können. Wie denkt sich der Vernunftreligiöse die Einrichtung des Staates? Worin erblickt er das Endziel der staatlichen Entwick-

lung, wo Einigkeit herrschen und der Kampf der Parteien aufhören könnte?

13 Der Vernunftreligion ist es fern, dort eine Einigkeit anzustreben, wo die Verschiedenheit in der Natur des Menschen begründet ist. Der Staat ist der oberste Richter, er muß beide Parteien anhören, er kann aber nicht beide zufrieden stellen. Im Staate sind die Parteien unvermeidlich. Der Staat entscheidet über Interessenfragen, die Menschen aber sind nicht gewohnt, auf Vernunftgründe hin von ihrem Interesse zu weichen, hier entscheidet nur die Mehrheit der Stimmen, weil diese eben auf der Macht beruht.

14 Die Vernunftreligion gibt daher keine bestimmte Normen über die staatliche Einrichtung. Wenn die Vernunftreligiösen heute einen Staat gründen wollten, müßte der Wille der Mehrheit für seine Einrichtung entscheidend sein.

15 Alle die staatlichen Fragen, die die Menschheit so lebhaft beschäftigen, müssen ihre Lösung vom Zeitgeiste erwarten. Wer ihre unmittelbare Lösung von der Vernunftreligion erwartet kennt das Wesen der Religion nicht.

16 Religiosität ist der Inbegriff ewiger Wahrheiten, die auf festen Grundlagen beruhen. Die Formen aber, unter welchen die Menschen ihre besonderen Verhältnisse einrichten, unterliegen einem ewigen Wechsel.

17 Die Grundbedingung der Religion ist innere Ueberzeugung, die des Staates ist die Macht. Die Religion darf keine Gewalt anwenden, sie muß überzeugen, der Staat hat aber das Recht seinen Willen zu erzwingen. Im Staate käme es auf die rohe Gewalt an, wenn die Minderheit in ihren Handlungen dem Willen der Mehrheit sich nicht fügen würde.

18 Der Vernunftreligiöse ist für vernünftigen Fortschritt stets begeistert, er ist aber überzeugt, daß alle Staatsformen, die auf verfassungsmäßiger Gesetzlichkeit beruhen, bei richtiger Handhabung ihrem Zwecke entsprechen können. Die Vervollkommnung und Veredelung derselben erstrebt er durch die Vervollkommnung und Veredelung der Menschheit.

19 Schon über den Beruf des Einzelnen vermag die Vernunftreligion keine bestimmte Normen festzusetzen, Jeder wählt sich den, der seinen Neigungen und Fähigkeiten am besten entspricht, die staatliche Einrichtung muß ebenfalls so getroffen werden, daß sie dem Culturzustande und der Geistesrichtung des Volkes vollkommen entspreche. Eine Religion, die sich in Staatsfragen mengt, die für eine bestimmte Staatsform Partei nimmt, oder gar eine weltliche Herrschaft anstrebt, verdient diesen Namen nicht.

24.

1 Das Eigenthumsrecht ist in der Natur aller lebenden Wesen begründet. Das Thier brummt, wenn ihm seine Beute entrissen, das Kind weint, wenn ihm etwas aus der Hand genommen wird. Der Mensch betrachtet das durch eigene Arbeit gewonnene, oder rechtlich erworbene Gut als sein Eigenthum und das angeborne Rechtsgefühl aller Menschen erkannte ihm auch zu allen Zeiten dieses Recht zu.

2 Das erjagte Wild, das verfertigte Kunstwerk, das dem Boden erpreßte Erzeugniß, das erworbene Gut, wurde jederzeit dem Jäger, dem Meister, dem Landmanne, dem Erwerber als Eigenthum zuerkannt.

3 Das Recht hingegen zu jagen, zum Handwerke, zum Ackerbaubetriebe und zu all' den nutzbringenden Erwerbsarten galt jedoch allen Menschen gleich als ihr angeborenes, unantastbares Recht.

4 Allein es mußte kommen, daß Mancher durch Kraft, Klugheit, Sparsamkeit und Ausdauer sein Eigenthum vermehrte und Reichthümer ansammelte, während der Andere mit nachtheiligen Eigenschaften in Armuth und Nothdurft verblieb.

5 Da gab es Sittenlehrer, die den Reichthum als der höheren Moral zuwider, verwerflich erklärten; allein der Vernünftige

kann dem Reichthum, so lange er die Rechte Anderer nicht verletzt, die Berechtigung nicht absprechen.

6 Er ist der Sporn zu rastloser, fruchtbringender Thätigkeit, er ermöglicht große Unternehmungen zum Wohle der Gesammtheit, er gewährt dem forschenden Geiste die nöthige Muße und befördert den Fortschritt. Völker, die mit Nothdurft kämpften, haben eine höhere Entwicklung nie erreichen können.

7 Allein der Reichthum gab auch Veranlassung zu furchtbaren Ausschreitungen. Die Ansprüche der Menschen wuchsen in das Unerreichbare, der Eine wollte den Andern verdrängen und so kam es, daß die Mächtigen es waren, die ihre Reichthümer auf Kosten des Armen zu vermehren strebten.

8 Bald wurde der Boden, bald der Wald und die Gewässer als das ausschließliche Eigenthum einzelner Bevorzugter erklärt, dem Armen aber blieben nur seine zwei Hände, um für Andere arbeiten zu können.

9 Man berief sich auf erworbene Rechte, die dem Einen die Macht gaben, über das Hab und den Leib des Anderen zu verfügen; die heiligsten Menschenrechte wurden verletzt.

10 Es wurden Gesetze geschaffen, die den Einen zum Herrn erhoben, den Andern zum Sklaven erniedrigten und vererbliche Titel wurden geschaffen, um diese Zustände auch auf die Nachkommen zu verpflanzen.

11 Das bessere Gefühl der Menschen empörte sich zu allen Zeiten gegen diesen harten Mißbrauch, allein das eingewurzelte Uebel ließ sich nicht leicht entwurzeln.

12 Der Unterdrückte ist von den Tagesmühen zu sehr gebeugt, um sein gutes Recht verfechten zu können, der Bevorzugte hingegen ist der Mächtigere, der Einflußreichere, der sein vermeintliches Recht nicht eigenwillig aus der Hand gibt. Jedes vorzeitige Eingreifen erleuchteter Männer mußte scheitern, es konnte das Bessere nur vorbereiten.

13 Erst der fortgeschrittene Zeitgeist hat die Sklaverei abgeschafft und im socialen Leben der Völker manche Verbesserungen zum Wohle der Menschheit in's Leben gerufen.

14	Aber ist diese Arbeit schon vollendet? Kann man schon sagen, daß der Zeitgeist sociale Zustände geschaffen, die der menschlichen Würde vollkommen entsprechen? Mit nichten.

15	Noch hört man täglich aus dem Munde von Millionen die Frage:

16	Soll der Bürger, der arbeiten und leben will, erst auf die Gnade des Capitals angewiesen sein, jenes Capitals, das stets nur bezweckt, das Maß seiner Arbeit zu vergrößern, die ihm gebührende Entlohnung zu verringern, und das schließlich ihn mit dem Hungertode bedroht, wenn er nicht bedingungslos gehorcht? Können Grundsätze, welche den Besitzlosen, dem das Capital keine Arbeit gibt, zum Darben verurtheilen, noch lange fortbestehen?

17	Sollen auch fernerhin die ausgedehnten Ländereien Einzelner der Vernachlässigung preisgegeben und den geschäftigen Händen der Boden für ihre Thätigkeit entzogen werden? Kann die menschliche Gesellschaft dem abgehärmten und gealterten Arbeiter, dem unglücklichen Krüppel wirklich nicht mehr bieten, als das elende Almosen?

18	Verschiedene Gesetze sind zur Lösung dieser Frage vorgeschlagen worden, jedoch ohne Erfolg. Der Vernünftige sieht es ein, daß nicht das Gesetz allein an diesen Zuständen Schuld trägt. Es ist der Zeitgeist, der sie noch bestehen läßt!

19	Es gab eine Zeit, wo die Sklaverei die Grundlage alles Rechtes war und wo man glaubte, diese müsse ewig fortbestehen; zu jener Zeit waren auch die besten Menschen Sklavenhalter. Und doch hat der Zeitgeist diesen Standpunkt überwunden und heute sieht es Jeder ein, daß dieses Recht ein cardinales Unrecht war.

20	So wird auch die sociale Frage einer späteren Zeit in einem anderen Lichte erscheinen. Die Menschen werden von anderen und weit erhabeneren Sittlichkeitsgefühlen beseelt sein: sie werden das Maß der zu leistenden Arbeit und des gebührenden Lohnes anders zu würdigen wissen. Und kommen wird die Zeit, wo das Recht aller Menschen, ein menschenwürdiges Dasein zu führen, zum Durchbruche wird gelangen.

21 Die Zeit wird kommen, aber die Menschen kommen nicht wieder. Die Gebeine der heute im Schweiße arbeitenden Generation werden vielleicht längst verbleicht sein, bis man es einsieht, daß sie das Opfer eines gewaltigen Unrechtes war. So waren die Gebeine der Sklaven aus alten Zeiten schon längst vermodert, als von ihren Nachkommen die Ketten gelöst wurden!

22 Allein tröstend ist nur der Gedanke, daß eine bessere Zeit im nahen Anzuge sei. So lange die Einen durch abergläubische Gebräuche schon den Willen der Gottheit zu erfüllen vermeinen, während die Anderen mit den todten Formen auch das Wesen der Religion verwerfen, scheint freilich diese Zeit noch in die Ferne gerückt. Die Vernunftreligion wird sie aber mit Riesenschritten herbeiführen. Ihr bleibt es vorbehalten, die Verbesserungen in's Leben zu rufen, die auf diesem Gebiete der Menschheit so noththun.

25.

1 Die Kirche der Vernunft soll der prachtvolle Bau sein, der bestimmt ist, den Platz einzunehmen, der jetzt leer steht. Keine schimmernde Kuppel, die von außen vergoldet und von innen hohl, wird ihrem Aeußeren, und kein Priester im gleißenden Ornate ihrem Innern einen falschen Glanz verleihen; glänzen wird sie aber in ihrer Einfachheit, in der unerschütterlichen Festigkeit und ewigen Dauer.

2 Die Vernunft und das Gemüth zeichnen den Umriß zu diesem Gebäude und die Menschheit wird Stein auf Stein befestigen und den Bau vollenden; sie wird über alle Hindernisse hinwegschreiten, die ihr entgegentreten werden.

3 Allerdings werden Manche fragen: Wozu eine Kirche? Wäre es nicht besser, die Stelle, wo das alte Gebäude stand,

unbebaut zu lassen? Genügt nicht der staatliche Verband, um der Gesellschaft ihr Wohl zu sichern?

4 Wäre es nicht ein Wagniß mit Versuchen, die durch Jahrtausende mißlungen, von vorne anzufangen? Wird nicht die Kirche der Vernunft gleichfalls in Priesterherrschaft und Aberglauben ausarten und für die Menschheit nur Unheil stiften? Wird nicht auch dieses Gebäude mit der Zeit morsch werden und zusammenbrechen?

5 Die Stelle, wo das alte Gebäude gestanden, **darf nicht leer bleiben.** Ohne Verständigung, ohne Vereinigung, läßt sich das Böse nicht bekämpfen, das Gute nicht fördern.

6 **Der Staat allein genügt nicht.** Der Staat ist da, um das Schlechte zu verhüten. Die Kirche aber ist berufen das Gute zu fördern. Der Staat schützt Leben und Eigenthum vor äußeren Angriffen, die Kirche lehrt uns diese Güter zu unserem Heile verwenden. Das Endziel der staatlichen Entwicklung ist die Gerechtigkeit, das der Kirche die Liebe.

7 **Das alte Gebäude ist keineswegs als mißlungener Versuch zu betrachten,** es war zu seiner Zeit heilsam und nothwendig und wenn wir heute in einem neuen Style bauen, setzen wir nur das Werk unserer Ahnen fort.

8 Die Kirche der Vernunft ist kein neuer Versuch, sie hat nur das, was die Vernünftigen stets beseelt, zum Gemeingute der gesammten Menschheit zu machen. **Sie ist keine neue Religion,** sie ist der Kern der Religionen, von jeglicher Schlacke befreit.

9 Sie kann in einen Rückschritt nicht verfallen, weil die Vernunft, vermöge ihres Wesens, in einem ewigen Fortschritte begriffen ist. Sie kann nicht morsch werden und untergehen, weil sie, auf den Flügeln des Zeitgeistes getragen, sich fortwährend verjüngt und der Ewigkeit trotzt.

10 Sie hat aber eine heilige Mission zu erfüllen, sie hat das Friedenswerk zu stiften zwischen Vernunft und Religion.

11 Jahrtausende lang bemühte man sich, diese beiden Himmelstöchter von einander zu trennen und nur verstohlen durften

sie sich im Herzen mancher Vernünftigen begegnen. Wer religiös sein wollte, mußte die Vernunft verläugnen, wer der Vernunft huldigte, wurde als irreligiös bezeichnet.

12 Gar Viele glauben aber noch stets jede Regung der Vernunft unterdrücken zu müssen, um nicht gegen die Religion zu verstoßen und noch weit mehr glauben sich der Religion entfremdet, weil sie die Vernunft nicht verläugnen können.

13 Die Kirche der Vernunft hat die Millionen von Menschen, die der Religion entfremdet sind, derselben wieder zuzuführen, und der Vernunft ihre Rechte zu sichern. Nicht der Aberglaube, sondern die Vernunft wird fortan mit religiösem Eifer vertheidigt werden.

14 Die Kirche der Vernunft hat der Menschheit die Ueberzeugung beizubringen, daß die Vernunft nicht nur da sei, um die Religion zu verläugnen, sondern daß sie die Quelle wahrer Religiosität erschließe.

15 Wer sein Heil anderswo zu finden glaubt, dem wird sie es nicht nehmen. Wer in seiner Verirrung jedem religiösen Gefühle unzugänglich ist, dem kann sie allerdings nicht frommen.

16 Nur Diejenigen, die ein warmes Herz für die Wahrheit haben, denen aber die vermeintliche Kluft zwischen Vernunft und Religion ihr Bestes untergräbt, die von wahrer Religiosität durchdrungen sind und keine Ruhe finden, weil sie sich mit der Vernunft im Widerspruche glauben, Diejenigen werden dieses Heiligthum betreten und hier die gesuchte Seelenruhe finden.

17 Die die Wahrheit suchen und sie nicht finden können, nicht in der Uebernatürlichkeit des ältesten Buches und nicht in der Vergottung des geheiligten Mannes, nicht im Glauben, noch im Läugnen, nicht in den verworrenen Ideengängen der Philosophen, noch in den heiteren Hallen des sinnlichen Lebens, werden plötzlich ihrer ansichtig werden in den Tempeln der Vernunftreligion.

18 Diejenigen aber, die kühnen Blickes die Wahrheit sehen, die von echter, wahrer Religiosität durchdrungen, mit Sehn-

sucht den Zeitpunkt erwarten, der den Sieg der Wahrheit verkündet, Diejenigen werden mit voller Herzensfreude herbeiströmen, um ein Heiligthum zu betreten, das auf den mächtigen Säulen der Wahrheit, Wissenschaft und Tugend aufgebaut ist.

26.

1   Die Zeitrechnung der Vernunftreligiösen darf nicht auf der hergebrachten, verwirrenden Grundlage beruhen, sie muß möglichst vereinfacht, der Wahrheit und der Vernunft entsprechend sein.

2   Der erste Tag des Jahres, in welchem die Vernunftreligion in greifbarer Form sich ankündigt, der Donnerstag am 1. Jänner 1874 mag als der erste Tag des Jahres I der Vernunft bezeichnet werden. Dieser Tag würde dann für immer den Zeitpunkt abgeben zur Bestimmung der Zeit vor und nach diesem Ereignisse.

3   Das Sonnenjahr ist vernunftgemäß als Zeitabschnitt für die Menschheit bestimmt. Es zählt zweiundfünfzig Wochen zu sieben Tagen und wird eingetheilt in dreizehn gleiche Monate zu vier Wochen, die der Reihe nach durch Ziffern bezeichnet werden.

4   Der letzte Tag des Jahres ist in den Monaten nicht inbegriffen, auch zur Woche zählt er nicht mit. Dieser Tag wird mit dem Namen Feiertag bezeichnet. Er wird der Ruhe und der Gottheit geweiht sein. An diesem Tage wird jährlich das Fest der Vernunft gefeiert und das abgelaufene Jahr in feierlicher Weise beschlossen.

5   Jedes vierte Jahr ist ein Schaltjahr und die Feier hält an diesem Jahre zwei Tage an. In einem Schaltjahre zählen beide Feiertage weder zu dem Monate noch zu der Woche. Sobald sich aber die fehlenden Bruchtheile zu vierundzwanzig Stunden angesammelt haben, hat das Schaltjahr zu unterbleiben.

6   Jeder siebente Tag wird als Ruhetag gefeiert. Der Tag wird von Mitternacht bis Mitternacht gerechnet. Die Namen der Wochentage werden beibehalten, nur der Feiertag, der zu den Wochentagen nicht zählt, wird ausschließlich durch den Namen Feiertag bezeichnet.

7   Somit ist manches Vorurtheil verscheucht und die Zeitrechnung vereinfacht. Die Monate haben eine gerade Wochenzahl und sind alle gleich. Die Viertel- und Halbjahre haben gleichfalls gerade Wochenzahlen und sind abgesehen von dem Feiertage am Schluße des letzten Vierteljahres ebenfalls gleich. Sämmtliche achtundzwanzig Tage eines jeden Monats fallen stets und unabänderlich auf einen und denselben Wochentag; sämmtliche Erste werden sohin immer auf die Donnerstage, sämmtliche Zweite auf die Freitage, sämmtliche Dritte auf die Samstage, und alle weiteren Tage des Monats immer nur auf einen und denselben Wochentag fallen.

27.

1   Die Gebräuche der Vernunftreligion sind keine wesentlichen Bestandtheile derselben, sie sind aber geeignet, deren Bestand zu fördern und deren Reinheit zu erhalten.

2   Die Vernunftreligiösen vereinigen sich aller Orten zu Gemeinden, sie bestellen einen Prediger und errichten ein Versammlungshaus.

3   Die Gemeinde hat den Zweck ein gemeinsames Vorgehen in religiösen Angelegenheiten herbeizuführen; sie verschafft durch freiwillige Beiträge den Fonds zur Erhaltung des Predigers und des Versammlungshauses und wählt aus ihrer Mitte einen Ausschuß, der ihre Fonds zu verwalten und sie nach außen zu vertreten hat.

4   Der Prediger wird von der Gemeinde durch Stimmenmehrheit gewählt. Er hat den Beruf, durch sinnreiche Vorträge den vernunftreligiösen Sinn der Gemeinde wach zu er-

halten, ihren Muth zu stählen und sie zur That anzuspornen. Er hat sie von dem jeweiligen Stande der Wissenschaft in Kenntniß zu erhalten und für dieselbe anzueifern.

5 Er hat ein Verzeichniß der Gemeindemitglieder zu führen und neu Hinzutretende in den Gemeindeverband aufzunehmen. Die Aufnahme neuer Mitglieder geschieht auf die Erklärung hin, mit den Grundsätzen der Vernunftreligion einverstanden zu sein. Wer in der Vernunftreligion nur den Kern seines Bekenntnisses findet, braucht sich von diesem nicht loszusagen, er hat nur die Erklärung abzugeben, daß er sich der Gemeinde der Vernunftreligiösen anschließe.

6 Die Prediger unter einander stehen in beständigem Ideenaustausche und halten öftere Versammlungen ab, um im Namen ihrer Gemeinden Berathungen zu pflegen über das, was das Wohl der Gesammtgemeinden erheische.

7 Die erste Predigerversammlung hat die Sprache zu bestimmen, die sowohl den Predigeren unter einander wie auch allen Vernunftreligiösen verschiedener Nationalität zum Gedankenaustausche dienen soll.

8 Das Versammlungshaus dient zur Abhaltung der Predigt und zur religiösen Erbauung. Sein Besuch wird geregelt nach dem Bedürfnisse und der Muße der Gemeindemitglieder.

9 Die religiöse Erbauung besteht darin, sich von den täglichen Mühseligkeiten abzuwenden, sich höheren Betrachtungen über den Zweck des menschlichen Daseins hinzugeben und der unendlichen Größe der Gottheit seine Gedanken zu leihen. Im Glücke mahnt sie an die Vergänglichkeit irdischer Güter und bewahrt vor Uebermuth, im Unglücke schafft sie Trost in einer höhern Auffassung der Weltordnung. — Der Vernunftreligiöse verläßt immer sein Versammlungshaus in gehobener Stimmung, leichteren Herzens, mit Ergebung in sein Schicksal und ungebrochenen Muthes.

10 Der Prediger hat, im Einverständnisse mit der Gemeinde, die Einrichtung zu treffen, wie diese Gefühle der religiösen

Erbauung, anregend für Vernunft und Gemüth, zum Ausdrucke gebracht werden sollen.

11 Einem schwärmerischen Hinbrüten überläßt sich der Vernunftreligiöse nie. Sein Morgengedanke lautet: „Allmacht Dein gedenke ich alleeit, meine Stellung im Weltall schwebt mir stets vor Augen, mögen meine Thaten meiner Schwäche und meiner Würde entsprechend sein." Abends beseelt ihn der Gedanke: „der Abend erinnert mich an den Abend meines Lebens, wo ich die Augen schließen werde, ohne sie wieder zu öffnen, der Allmacht vertraue ich allezeit." Bei seinen physischen Genüssen denkt er: „Allmacht! Auf deinen Befehl befriedige ich meine physischen Bedürfnisse."

12 Für das schwächere Frauengeschlecht fordert die Vernunft mehr als Gleichberechtigung, wir müssen ihm auch unsere Zuvorkommenheit, Schutz und Hilfe angedeihen lassen.

13 Jeder Mann soll nach seiner Herzensneigung eine Frau ehelichen, sie nach seinen Kräften unterhalten, mit ihr die Wechselfälle des ganzen Lebens theilen, dem Zwecke der Fortpflanzung entsprechen und der Erziehung der Kinder die größte Sorgfalt widmen.

14 Die Ehe besteht in einer feierlichen Willenserklärung des Ehepaares, sich zu ehelichen. Die besonderen Verabredungen werden in einem schriftlichen Vertrage formulirt. Ein heiteres Mahl beschließt die Feier, sie hat verbindliche Kraft für das ganze Leben.

15 Im Falle einer unüberwindlichen Abneigung ist die Scheidung geboten. Die Scheidung besteht gleichfalls in einer feierlichen Willenserklärung des Ehepaares, sich scheiden zu wollen.

16 Der Vernünftige schließt seine Ehe und löst sie auf in feierlicher Weise und in Gegenwart zweier Zeugen. Sowohl bei Schließung wie bei Auflösung der Ehe wechseln die Eheleute die bezüglichen Beweisstücke, mit ihrer und zweier Zeugen Unterschrift versehen, aus.

17 Frau und Kinder führen den Familiennamen des Mannes. Den Vornamen erhalten die Kinder von den Eltern bei ihrer Geburt. Jedes beliebige Wort kann zum Vornamen dienen.

18 Bei einem Todesfalle wird eine möglichst einfache Leichenfeier veranstaltet, die sich nur durch Würde und stille Theilnahme auszeichnet. Der Tod ist es, der die wahre Gleichheit aller Menschen veranschaulicht. Sollten wir noch bei seinem Anblicke den Unterschied aufrecht erhalten zwischen Mensch und Mensch? Der Vernünftige begräbt seine Todten prunklos.

19 Einen Selbstmord begeht er unter keinen Umständen, er betrachtet diesen als eine Empörung gegen den Willen der Gottheit.

20 Blutvergießen ist unter allen Umständen in seinen Augen ein Gräuel. So lange wir den Tod nicht aufhalten, dem Entseelten nicht neues Leben geben können, dürfen wir den Tod eines Menschen nicht beschleunigen. Nur unumgängliche Nothwehr zur Rettung von Menschenleben kann die Vernichtung des frevelhaften Angreifers rechtfertigen.

21 Das Ehrenwort vertritt die Stelle der Eidesleistung. Die Anrufung Gottes bei solchen Anlässen gestattet die Vernunft nicht. Wer im Namen Gottes schwört, mag denken, sich mit der Gottheit noch abfinden zu können, wer seine Ehre verpfändet, ist geschändet für immer, wenn er seinen Eid nicht hält.

22 Jedes staatliche Gesetz muß, so lange es zu Recht besteht, befolgt werden. Das Gesetz befiehlt das, was die Gesammtheit beschließt und jeder Einzelne hat die Pflicht, sich zu fügen.

23 Sämmtliche Gebräuche der Vernunftreligion werden sich mit der Zeit herausbilden und manche sogar bei den verschiedenen Völkern verschieden gestalten. Es werden aber immer nur solche sein, die der reinen Vernunft vollkommen entsprechen.

24 Im Reiche der Vernunftreligion wird die Verschiedenheit der Formen keinen Anlaß zu Verketzerungen, zum Kriege

und zu Verfolgungen geben; sie wird der gegenseitigen Achtung und Liebe keinen Abbruch thun.

28.

1 Die Eigenschaften des Vernunftreligiösen entsprechen seiner Benennung, vernünftig und religiös. Wer sein Herz zu beurtheilen versteht, findet es von der Gottheit eingenommen und von Menschenliebe erfüllt.

2 Die Wahrheit ist ihm die Richtschnur in seinem Leben, die Tugend seine Zierde, die Vernunft leitet ihn, und das Gewissen ist sein Gebieter.

3 Sein Wort ist heilig, sein Ehrenwort ein feierlicher Schwur, seine Treue unverbrüchlich, seine Ehre unbefleckt.

4 Im Glücke ist er nicht übermüthig, im Mißgeschick nicht gebeugt, seine Leidenschaft weiß er zu beherrschen, die Sinnlichkeit umstrickt ihn nicht, er jagt nicht nach Reichthum, nach Titeln trägt er nicht Begehr.

5 Unbekümmert um das Urtheil der Menge wandelt er seinen Weg. Des Neides und der Unwissenheit Spott und Tadel prallt an ihm spurlos ab, nur des Weisen Lob spornt ihn zu erneuter Thätigkeit an.

6 Dem Mächtigen gegenüber bewahrt er seine Würde, dem Bedrängten steht er bei, dem Fragenden gibt er Auskunft, dem Wißbegierigen die nöthige Anleitung.

7 Er haßt aber das Unrecht; er kämpft stets gegen die rohe Gewalt und für seine Ueberzeugung geht er in den Tod.

8 Er sucht jede Kraft in sich zu entfalten, sowohl die Leibes- als die Geisteskraft. Er vergeudet nicht seine Zeit, er weiß, daß sie zugemessen und er sucht sie zu verwerthen.

9 Das unendliche Weltall und seine Stellung in demselben behält er stets in seinen Gedanken. Seinem Blicke schwebt dasselbe als ein einziges bewegliches Ganzes vor, und alle Geschöpfe erscheinen ihm als die Bestandtheile

dieses unermeßlichen Triebwerkes. Alles muß dem unerforschlichen Zwecke des Ganzen dienlich sein.

10 Er weiß, daß er in seinem sinnlichen Leben nicht seinen eigenen Trieben, sondern nur einer höheren zwingenden Nothwendigkeit folgt. Er erkennt bald die trügerischen Freuden des irdischen Lebens. Nicht sie stehen ihm zu Gebote, er sieht sich von ihnen beherrscht. Er muß den Genüssen nachgehen, er muß sich fortpflanzen, so wie er leben, so wie er sterben muß.

11 Frei fühlt er sich nur in seinem Denken, nur sein Geist, seine Seele erscheint ihm als freies, unabhängiges Wesen, nur geistige Errungenschaften haben für ihn dauernden Werth.

12 Sein ganzes Leben ist daher, ob er gleich den Boden bearbeitet, den Hammer schwingt, oder die Feder führt, vorwiegend geistiger Natur.

13 Sein Streben richtet sich darnach, den Geist zu erleuchten, sein Wissen zu erweitern und seine Tugenden zu vermehren, um Früchte zu ernten, die ihm ewig grünen und nie verwelken werden.

29.

1 Die Zukunft, welcher die Menschheit unter der Herrschaft der Vernunftreligion entgegengeht, liegt in dem Schoße der Vorsehung verborgen, der Vernunft jedoch ist ein flüchtiger Einblick gestattet. Diese verkündet uns, was jene bringen wird. Höre daher und merke wohl, was im Laufe der Zeiten kommen und nicht ausbleiben wird.

2 Die Vernünftigdenkenden werden religiös und die Religiösen werden vernünftig sein. Die priesterliche Heuchelei wird verschwinden. Als Gottesverehrer wird nur der gelten, der um die Menschheit Verdienste sich erwirbt.

3 Der Mensch wird nicht blos Staatsbürger, er wird Weltbürger sein. Er wird seine besten Kräfte nicht mehr dem

Schutze von Sonderinteressen widmen, sein Trachten wird das Wohl der Gesammtheit zum Ziele haben.

4 Der Geschichtschreiber wird in den Annalen keinen Krieg zu verzeichnen haben, die Weltgeschichte wird eine Geschichte der Civilisation und der Wissenschaft sein.

5 Ehre wird nicht dem zu Theil werden, der die Menschen beherrscht, sondern dem, der sie beglückt. Ruhm wird nicht auf den Schlachtfeldern unter Leichenhügeln, sondern auf dem Felde der Tugend und der Wissenschaft erworben werden.

6 Kunst und Wissenschaft werden eine Ausdehnung gewinnen, von der wir heutzutage kaum eine Ahnung haben.

7 Die Verbrechen werden in demselben Maße abnehmen, als die Vernunftreligion zunehmen wird.

8 Die verschiedenen Nationen der civilisirten Welt werden zum Gedankenaustausche einer Sprache sich bedienen.

9 Die Nationen werden sich zu einem beherzten Entschlusse aufraffen, kleinliche Eifersüchteleien beseitigen, ihre Sonderwünsche dem Gemeinwohle opfern und eine Sprache zur Weltsprache erheben. Auf welche Sprache die Wahl fallen wird, ist angesichts des hohen Zweckes einerlei.

10 Ist doch ein solcher Entschluß längst gefaßt worden von Jenen, die berufen sind, die äußere Freundschaft der Nationen aufrecht zu erhalten, um so eher wird ihn die Gesammtheit annehmen und damit den ersten Schritt zum wahrhaft freundschaftlichen Wechselverkehr im Völkerleben anbahnen. Dieser Entschluß wird den Grundstein zur allgemeinen Verbrüderung bilden und er wird dem Jahrhundert zur Ehre gereichen.

11 In allen Schulen der civilisirten Welt wird dann diese Sprache, neben der Muttersprache, gelehrt werden, jeder Gebildete wird sie sprechen müssen und in kurzer Zeit wird die heranwachsende Generation der unermeßlichen Vortheile sich erfreuen können, die daraus erwachsen werden.

12 Mit der Scheidewand der Sprache werden mit der Zeit auch manche andere Verschiedenheiten in Handel und Wandel, Sitten und Gebräuchen entfallen.

13 Die Armuth wird aufhören eine Plage der Menschheit zu sein. Es wird klar werden, daß nicht Mangel an Lebensgütern, sondern Mangel an gutem Willen die Armuth verschulde und Gesetze werden in's Leben treten, die sie unmöglich machen.

14 Die Ausbeutung von Grund und Boden wird der Gerechtigkeit entsprechender geregelt werden. Die Riesensummen, welche Heer und Priester verschlingen, werden zum Nutzen der nothleidenden Menschheit verwendet werden.

15 Die unermeßlichen Ländereien, welche in fernen Erdtheilen brach liegen, werden der Ueberbevölkerung mancher Orte, die dem Elende preisgegeben sind, ihre Bodenschätze erschließen. Von den fernsten Erdtheilen werden dort die Menschen zusammenströmen, die, der Weltsprache kundig und von der Vernunftreligion beseelt, bald als friedliche Nachbarn sich glücklich fühlen werden.

16 Abergläubische Sitten und Gebräuche werden aufhören die Scheidewand zwischen Brüdern zu sein. Die Geister werden sich von den Fesseln befreien, die ihnen der Aberglaube schlug. Das Band der Religion, die Gott durch die Vernunft geoffenbart, wird die Menschheit umschlingen und Gleichheit und Brüderlichkeit werden zur Wahrheit werden.

17 Männer von Herz werden sich vereinigen, um die Vernunftreligion zu verbreiten und sie wird eindringen in Palast und Hütte, in die Schule und in das Leben. Ihre Wirkung wird doppelt segensreich sein, sie wird die Finsterniß verscheuchen und Licht verbreiten.

18 Es wird klar werden, daß rechts der Aberglaube und links die Selbstverläugnung in einen jähen Absturz führen, und die Menschheit wird auf dem goldenen Pfade der Mitte, von Stufe zu Stufe steigen, um jenen höchsten Gipfel der Erkenntniß zu erklimmen, wo sich die Gottheit stets offenbaren und die Natur nichts mehr verheimlichen wird.

Kunst- und Buchdruckerei „Steyrermühl", Wien.